Mittlerer Schulabschluss
Zentrale Prüfungen 2010
Training
Deutsch

Autorinnen: Anne-Christin Kohl, Ludgera Petersmann, Ruth Strunz-Happe
■ Margarethe Leonis (Lösungsvorschläge Originalprüfungen)

Der Abdruck der Originalprüfungen erfolgt mit freundlicher Genehmigung des *Ministeriums für Schule und Weiterbildung Nordrhein-Westfalen*.
Die Lösungsvorschläge zu den Originalprüfungen liegen nicht in der Verantwortung des Ministeriums.

MITTLERER SCHULABSCHLUSS
ZENTRALE PRÜFUNGEN 2010

Training

Deutsch

Arbeitsheft mit Lösungen

NORDRHEIN-WESTFALEN

Realschule | Gesamtschule | Typ B

Lerndateien zu diesem Trainingsband für das Lernprogramm *phase-6* downloaden und kostenlos testen! Angebote unter www.phase-6.de/training

Dein Passwort für den Download: dt/ta-nrw_09

Die in diesem Werk angegebenen Internetadressen haben wir überprüft (Redaktionsschluss 01.07.2009). Dennoch können wir nicht ausschließen, dass unter einer solchen Adresse inzwischen ein ganz anderer Inhalt angeboten wird.
Nicht in allen Fällen war es uns möglich, den Rechteinhaber ausfindig zu machen. Berechtigte Ansprüche werden selbstverständlich im Rahmen der üblichen Vereinbarungen abgegolten. Wir bitten um Verständnis.

www.cornelsen.de

Bibliografische Information: Die Deutsche Bibliothek verzeichnet diese Publikation in der Deutschen Nationalbibliografie; detaillierte bibliografische Daten sind im Internet über http://dnb.ddb.de abrufbar.

Dieser Band folgt, wenn nicht anders vermerkt, den Regeln der deutschen Rechtschreibung, die seit August 2006 gelten.

© 2009 Cornelsen Verlag Scriptor GmbH & Co. KG, Berlin
Das Werk und seine Teile sind urheberrechtlich geschützt. Jede Nutzung in anderen als den gesetzlich zugelassenen Fällen bedarf deshalb der vorherigen schriftlichen Einwilligung des Verlags.
Hinweis zu den §§ 46, 52 a UrhG: Weder das Werk noch seine Teile dürfen ohne eine solche Einwilligung eingescannt und in ein Netzwerk eingestellt oder sonst öffentlich zugänglich gemacht werden. Dies gilt auch für Intranets von Schulen und sonstigen Bildungseinrichtungen.
Projektleitung: Uta Kural, Cornelsen Scriptor Berlin
Redaktion: DAS LEKTORAT, Monika Kopyczinski, Berlin
Gesamtgestaltung: Beate Schubert u. Uta Eickworth, Berlin
Umschlagentwurf: Patricia Müller, Berlin
Illustrationen: Dorina Tessmann, Berlin
Sachzeichnungen: Martin Frech, Berlin
Layout und Herstellung: Beate Schubert, Berlin
Druck und Bindearbeiten: fgb · freiburger graphische betriebe
Printed in Germany
ISBN 978-3-06-150003-0

 Gedruckt auf säurefreiem Papier, umweltschonend hergestellt aus chlorfrei gebleichten Faserstoffen.

Inhaltsverzeichnis

Übersicht 8
Gut zu wissen 10

KAPITEL I STARTKLAR FÜR DIE PRÜFUNG

1 Hinweise zu den Prüfungsbestimmungen 14
2 Prüfungsaufgaben 18
   Schwierigkeitsstufen 18
   Hinweiswörter (Operatoren) 18
3 Textsorten und Textmerkmale 20
   Textsorten 20
   Textmerkmale 21

KAPITEL II LITERARISCHE TEXTE: ANALYSE UND INTERPRETATION

Basiswissen 22
   Typische Arbeitsaufträge 23
1 Kurzgeschichte 24
   Gut zu wissen 24
   Übung 1: Im Spiegel (Margret Steenfatt) 26
   Schnell-Check Interpretation Kurzgeschichte 34
2 Gedicht 35
   Gut zu wissen 35
   Übung 2: Willkommen und Abschied (J. W. v. Goethe) 36
   Schnell-Check Interpretation Gedicht 45

KAPITEL III SACHTEXTE: ANALYSE UND INTERPRETATION

Basiswissen 46
   Typische Arbeitsaufträge 47
1 Diagramme auswerten 48
   Gut zu wissen 48
   Übung 1: Gerätebesitz 49
   Schnell-Check Auswertung eines Diagramms 53
2 Stellungnahme 54
   Gut zu wissen 54
   Übung 2: Schulkleidung 55
   Schnell-Check Stellungnahme 61
3 Erörterung einer Karikatur 62
   Gut zu wissen 62
   Übung 3: Ist ein reguläres MP3-Verbot in der Schule sinnvoll? 63
   Schnell-Check Erörterung 67

KAPITEL IV KREATIVE TEXTPRODUKTION

Aufgabentypen 68
    Typische Arbeitsaufträge 69
Basiswissen: Aufsatzformen 70
1 Erörterung in Form eines Leserbriefes 72
    Gut zu wissen 72
    Übung 1: Seniorengerechtes Wohnen 73
    Schnell-Check Leserbrief 79
2 Übertragung eines Gedichtes in einen inneren Monolog 80
    Gut zu wissen 80
    Übung 2: Nie mehr (Ulla Hahn) 81
    Schnell-Check innerer Monolog 86
3 Tagebuch-Eintrag zu einem Romanauszug 87
    Gut zu wissen 87
    Übung 3: „… aber Steine reden nicht" (Carlo Ross) 88
    Schnell-Check Tagebuch-Eintrag 93

KAPITEL V PANNENHILFE

1 Wörterbuch 94
    Wörterbucheinträge verstehen 94
    Arbeiten mit dem Wörterbuch 94
2 Zitieren 95
    Richtig zitieren 95
    Quellen angeben 95
3 Schreibtipps 96
    Checkliste Textkorrektur 96
4 Texte überarbeiten 97
    Formale Textbearbeitung 97
    Inhaltliche Textbearbeitung 97

KAPITEL VI PRÜFUNGSAUFGABEN 2009

Erster Prüfungsteil Leseverstehen:
Japan: Mobbing per Handy 100
Zweiter Prüfungsteil:
Wahlthema 1: Analyse und Interpretation eines literarischen Textes 106
Mein erster Achttausender (Malin Schwerdtfeger) 107
Wahlthema 2: Eine Argumentation erstellen 108
Einführung einer „Laptop-Klasse" 108

ÜBERSICHT

Basiswissen und Übungen

Seite	Aufgabentyp	Text	Übung	Lösung	bearbeitet/ gelesen am	☹	☺	Kommentar
	Literarische Texte							
24	Kurzgeschichte interpretieren	Im Spiegel (M. Steenfatt)						
34	Schnell-Check	Interpretation Kurzgeschichte						
35	Gedicht interpretieren	Willkommen und Abschied (J. W. v. Goethe)						
45	Schnell-Check	Interpretation Gedicht						
	Sachtexte							
48	Diagramm auswerten	Gerätebesitz						
53	Schnell-Check	Auswertung eines Diagramms						
54	Stellungnahme verfassen	Schulkleidung						
61	Schnell-Check	Stellungnahme						
62	Karikatur erörtern	MP3-Verbot an Schulen						
67	Schnell-Check	Erörterung						
	Textproduktion							
72	Leserbrief schreiben	Seniorengerechtes Wohnen						
79	Schnell-Check	Leserbrief						
80	Inneren Monolog verfassen	Nie mehr (Ulla Hahn)						
86	Schnell-Check	Innerer Monolog						
87	Tagebuch-Eintrag schreiben	... aber Steine reden nicht (Carlo Ross)						
93	Schnell-Check	Tagebuch-Eintrag						

Für Schnelle: Du musst mindestens 1 Übung mit Lösung pro Aufgabenbereich gelesen haben.
Für Gründliche: Du solltest mindestens 1 Übung pro Aufgabenbereich gelesen und gelöst haben.
TIPP: Du solltest mindestens 3 Aufgaben mit dem Schwierigkeitsgrad ■■■ gelöst haben! Kennzeichne diese extra!

Prüfung 2009

Seite	Thema	Aufgabentyp	Text	Original-prüfung	Lösung	bearbeitet/ gelesen am	☹	☺
Leseverstehen (Sachtext)								
100	Mobbing per Handy	Multiple-Choice	Japan: Mobbing per Handy					
Analyse und Interpretation (Literarischer Text)								
106	Mutter-Tochter-Verhältnis	Erzählung	Mein erster Achttausender (Malin Schwerdtfeger)					
Eine Argumentation erstellen								
108	Laptop-Klasse	Textproduktion	Brief					

GUT ZU WISSEN

Liebe Schülerin, lieber Schüler!

Im Frühjahr ist es so weit: Am Ende der 10. Klasse wirst du die Abschlussprüfung ablegen. Dieses Buch hilft dir, dich effektiv auf die Prüfung vorzubereiten.
Wir haben es so aufgebaut und geschrieben, dass du selbstständig damit arbeiten kannst.
Du findest in diesem Buch die wichtigsten Themen und Aufgabentypen, die in deinem Bundesland in der Prüfung abgefragt werden. Du kannst also parallel zum Unterricht die Bereiche trainieren, in denen du dich für die Abschlussprüfung verbessern willst.

Wie ist das *Training* aufgebaut?

Das *Training* ist in **Kapitel** gegliedert, die nicht aufeinander aufbauen. Du kannst sie also alle einzeln üben. Nach einer kurzen Einführung in das Kapitel kommen Übungen, Übungen und noch einmal Übungen.
Hinweise zu den Prüfungsbestimmungen:
Hier findest du in Kürze alle wichtigen Informationen rund um die Prüfung.
Aktuelle Originalprüfung:
Hier findest du die aktuelle, zentral gestellte Originalprüfung aus dem Ministerium.
Lösungsheft:
Natürlich findest du im Lösungsheft ausführliche, leicht verständliche Lösungen zu jeder Übung und zur aktuellen Originalprüfung.

Was ist das Besondere an diesem Buch?

Das *Training* lässt sich dosieren: für Schnelle und für Gründliche.
Die Struktur der einzelnen Kapitel erlaubt unterschiedlich intensive Trainingsansätze.
Für Schnelle: Wenn du schnell einen Überblick brauchst und wissen willst, wie fit du bist, liest du das Basiswissen. Nur an Stellen, wo du unsicher bist und Wissenslücken entdeckst, machst du die entsprechenden Übungen.
Für Gründliche: Wenn du es genau wissen willst oder Nachhilfebedarf hast, arbeitest du die einzelnen Kapitel am besten sorgfältig durch. Die Reihenfolge kannst du dabei passend zu den Unterrichtsthemen wählen. Vergiss nicht, die Schnell-Checks am Ende ehrlich auszufüllen und dir klarzumachen, was du noch üben solltest!

	Basiswissen lesen	Schnell-Checks machen	Übungen durcharbeiten	Lösungen vergleichen
Information	👍	👍👍	👍👍👍	👍👍👍👍
Zeitfaktor	👍	👍👍	👍👍👍	👍👍👍👍
Lernfaktor	👍	👍	👍👍👍	👍👍👍👍
Prüfungs-erfolg	👍👍👍	👍👍👍👍👍	👍👍👍👍👍👍👍👍	👍👍👍👍👍👍👍👍👍👍

Klar ist, je gründlicher du dich vorbereitest, umso besser wirst du bei der Prüfung abschneiden!

Wie orientiere ich mich im *Training*?

Eine gute Orientierung ist das **Inhaltsverzeichnis**, in dem du schnell die gewünschten Kapitel und Aufgabenbereiche zur Prüfungsvorbereitung findest.
Für ein gezieltes Auffinden von Themen und Aufgabentypen kannst du die **Übersicht** auf der Vorseite benutzen.
In der **Kopfzeile** ganz oben kannst du sofort erkennen, in welchem Kapitel du bist. Und, ob du dich im Basiswissen, in den Übungen oder der Originalprüfung befindest.

Wie kann ich den Schwierigkeitsgrad einer Übung erkennen?

Neben der Aufgabenstellung findest du eine Markierung, die dir zeigt, wie leicht oder schwer eine Übung ist. Natürlich solltest du dich auch an die schweren Übungen trauen, denn die haben sicher Prüfungsniveau.
- ■ leicht
- ■■ mittel
- ■■■ schwer

Woher weiß ich, ob ich schon gut vorbereitet bin?

Die **Schnell-Checks** helfen dir bei der Selbstbewertung. Du findest sie immer am Ende eines Kapitels. Sei hier ehrlich zu dir und markiere, wie du abgeschnitten hast.
Bei solltest du natürlich weiterüben. Du kannst die Schnell-Checks auch kopieren und für zusätzliche Übungen verwenden.

Mit welchem Buch kann ich noch üben?

Wenn du dich noch intensiver vorbereiten willst – schließlich ist das die alles entscheidende Prüfung für dich –, kannst du auch mit den *Originalprüfungen* deinem Wunschprüfungsergebnis näher kommen.

Viel Erfolg!

Kapitel I
Startklar für die Prüfung

Kapitel I
Startklar für die Prüfung

1 Hinweise zu den Prüfungsbestimmungen

Prüfungsteile

Die Prüfung DEUTSCH in Nordrhein-Westfalen besteht seit 2009 aus folgenden zwei Teilen:

Erster Prüfungsteil
Leseverstehen
Zweiter Prüfungsteil
Wahlthema 1: Analyse und Interpretation eines literarischen Textes
Wahlthema 2: Eine Argumentation erstellen

In dem **ersten Teil** geht es um die Überprüfung sogenannter Basiskompetenzen, worunter grundlegende Fähigkeiten und Kenntnisse im Bereich der *Lesekompetenz* verstanden werden. Du sollst in diesem Teil zeigen, dass du über diese Basiskenntnisse in Deutsch verfügst. Dabei greifen die Aufgaben auf Kompetenzen zurück, die du von der 5. bis zur 10. Jahrgangsstufe entwickelt hast. Inhaltlich musst du dich bei der Bearbeitung des ersten Teils mit einem Text auseinandersetzen, wesentliche Textaussagen erfassen und Fragen beantworten.

Der **zweite Teil** der Prüfung, der sehr viel umfangreicher ist, umfasst zwei *Wahlthemen* zur Textproduktion, von denen nur eines zu bearbeiten ist. Nimm dir bei der Auswahl Zeit.

> **INFO** 2007 und 2008 konnten die Schülerinnen und Schüler zwischen den Aufgabentypen 4a (einen Text analysieren und interpretieren; 2007: Gedicht, 2008: Romanauszug) und 4b (aus Texten Informationen ermitteln, diese vergleichen, Textaussagen deuten und abschließend reflektieren/bewerten) wählen. Für 2009 wurde dieser letzte durch Aufgabentyp 3 (eine Argumentation erstellen) ersetzt. Diese Aufgabentypen sind dir aber durch die Klassenarbeiten in der Jahrgangsstufe 9 und 10 bekannt.

Im Hinblick auf den Schwierigkeitsgrad sind die beiden Prüfungsteile unterschiedlich. Der zweite Teil ist aufgrund seiner offenen Aufgabenstellung viel anspruchsvoller und fließt auch stärker in die Bewertung ein, da hier Kompetenzen aus den verschiedenen Bereichen überprüft werden.

Prüfungsablauf

Die Prüfung umfasst insgesamt 150 Minuten zuzüglich 10 Minuten zur Orientierung. Für die Auswahlzeit zwischen den zwei Wahlthemen stehen weitere 10 Minuten zur Verfügung. Das erscheint auf den ersten Blick vielleicht zu großzügig, aber du musst auch viel erledigen.

Für den ersten Prüfungsteil hast du 30 Minuten Bearbeitungszeit. Wenn du früher fertig sein solltest, holst du dir den zweiten Teil, den du in der Restzeit erledigen musst.

Während der Prüfung gibt es bestimmte Regeln, die einzuhalten sind. So kannst du durchaus eine Kleinigkeit zu dir nehmen oder auch etwas trinken. Ein Toilettengang ist natürlich nur einzeln möglich und wird von der Aufsicht schriftlich festgehalten.

Hilfsmittel

In der Prüfung darfst du neben deinem Schreibmaterial lediglich ein Wörterbuch verwenden. Es kann dir insbesondere bei Unsicherheiten in der Rechtschreibung und auch in der Grammatik nützlich sein. Aber auch bei Schwierigkeiten in Bezug auf die Bedeutung eines Wortes (Fachwörter / Fremdwörter) kann dir ein Wörterbuch wichtige Hilfe leisten.

Vorgehensweise in der Prüfung

Wenn du den ersten Prüfungsteil erhalten hast, solltest du dir den Text aufmerksam durchlesen und einige Notizen am Rand machen. Dies verschafft dir einen ersten Eindruck. Lies dir dann die Aufgaben aufmerksam durch und suche die Antworten im Text. Bei Schaubildern musst du genau prüfen, ob sie für den Text zutreffend sind.

Im zweiten Prüfungsteil musst du dich entscheiden. Nimm dir die nötige Zeit und lies dir zuerst alle Texte und Aufgaben durch, damit du zu deiner Entscheidung stehen kannst. Denke auch an deine persönlichen Fähigkeiten im Hinblick auf die Aufgabenstellung. Was fällt dir eventuell leichter?

Aufgabenstellungen / Erwartungen

Prüfungsteil I

Im ersten Prüfungsteil geht es um den Bereich „Leseverstehen". Folgende Aufgaben sind zu bearbeiten:
- Bei **Multiple-Choice-Aufgaben** musst du dich zwischen einer Auswahl von Antworten entscheiden. Du musst die richtige Antwort erkennen und ankreuzen. Dabei ist die grundlegende Voraussetzung die, dass du den Text inhaltlich verstanden hast. Suche im Text die entsprechende Stelle, auf die sich die Aufgabe bezieht, heraus. Überprüfe erst, bevor du dich entscheidest.
- Aufgaben können sich auch auf **sprachliche Gestaltungsmittel** beziehen. Dann muss von dir z. B. eine Konjunktion in ihrer Bedeutung erklärt werden oder aber du musst eine Metapher erläutern.
- Daneben gibt es auch Aufgaben, die von dir verlangen, kurz und präzise dein Verständnis einer Textstelle wiederzugeben und Wesentliches mit eigenen Worten zu formulieren. Dabei geht es nicht um eine ausschweifende Darstellung, sondern um kurze Begründungen, die aber in **vollständigen Sätzen** abzuliefern sind.

Prüfungsteil II

Im zweiten Teil musst du dich für eines der beiden Wahlthemen entscheiden. Die Bearbeitung mündet in beiden Fällen in einen strukturierten Text, der deine Schreibkompetenz deutlich macht.
- Der Aufgabentyp 4a (einen Sachtext / medialen Text analysieren oder einen literarischen Text analysieren und interpretieren) verlangt von dir, dass du einen Text nach vorgegebenen Aspekten (z. B. Sprache, Aufbau) untersuchst. Die Ergebnisse musst du dann in einem zusammenhängenden Text, der einen guten Aufbau

(Einleitung mit wichtigen Informationen, kurze Inhaltsangabe, Hauptteil mit der Darstellung deiner Ergebnisse, Schlussteil als kurze Zusammenfassung) hat, **mit eigenen Worten** darlegen. Dabei ist es wichtig, dass du Behauptungen mit Textstellen belegst.

- Der Aufgabentyp 3 (eine ggf. auch textbasierte Argumentation zu einem Sachverhalt erstellen) verlangt von dir, dass du eine Meinung **entwickeln und begründen** sollst, um eine andere Person zu überzeugen. Es ist also wichtig, dass du Argumente für die jeweilige Position erarbeitest oder aus einer vorgegebenen Liste auswählst und abwägst. Auf der Grundlage einer sinnvollen Anordnung und Gewichtung der Argumente (Gliederung/Schreibplan) ist eine Argumentation zu schreiben, die sich auf die angegebene Adressatin oder den angegebenen Adressaten bezieht. Es ist ein Unterschied, ob du deiner Freundin oder deinem Freund eine Meinung begründet darlegst oder ob es sich um eine öffentliche Person handelt. Dies ist auch in der Sprache zu berücksichtigen.

Eine Argumentation findet in einer Einleitung, die zum Hauptteil überleitet, einen angemessenen „Aufhänger", der Interesse weckt. Im Hauptteil selbst werden die Argumente entfaltet. Dabei sind die Sätze abwechslungsreich zu verknüpfen (z. B. durch Konjunktionen) und sinnvolle Beispiele als Unterstützung einzubinden. In einem Schlussteil kannst du abschließend z. B. einen Gedanken darlegen, der das Thema weiterführt.

Grundsätzlich wird im zweiten Teil von dir erwartet, dass du einen gedanklich nachvollziehbaren Text in einer angemessenen Ausdrucksweise verfasst, der der sprachlichen Richtigkeit in Bezug auf Satzstruktur, Orthografie und Grammatik entspricht.

Das bedeutet also, dass in der Prüfung sowohl die Rechtschreibung als auch die Zeichensetzung und Grammatik in die Bewertung deiner Arbeit einfließen. Wenn du in diesen Bereichen Schwierigkeiten hast, solltest du gezielte Übungen machen, um Sicherheit zu erlangen.

Themen

Das Ministerium setzt für die jeweiligen Prüfungen sogenannte Rahmenthemen fest, die in den Texten unter verschiedenen Aspekten behandelt werden. Diese Themen lauten:

Jahr	Thema 1	Thema 2
2007	Der Lebensraum Stadt (im 20./21. Jahrhundert)	Stereotype – Vorurteile: Sprachliches und soziales Verhalten, seine Ursachen und Wirkungen
2008	Der Lebensraum Stadt (im 20./21. Jahrhundert)	Stereotype – Vorurteile: Sprachliches und soziales Verhalten, seine Ursachen und Wirkungen
2009	Massenmedien	Stereotype – Vorurteile: Sprachliches und soziales Verhalten, seine Ursachen und Wirkungen
2010	Massenmedien	Recht und Gerechtigkeit

Für beide Themen sind Kenntnisse im Umgang mit Textsorten, z. B. Sachtexte oder lyrische und epische Texte, Voraussetzung.

Es ist natürlich von Vorteil, wenn du bereits einiges zum Thema weißt, sodass du dein Vorwissen in die Prüfung einbringen kannst. Dies gilt vor allem für Schreibaufgaben.

Benotung

Die Prüfungsaufgaben werden vom Ministerium für Schule und Weiterbildung an die Schulen geschickt. Auch die Vorgaben für die Beurteilung und Bewertung liegen dann vor. Deine Lehrerin/dein Lehrer korrigiert die Prüfung nach diesen Vorgaben. Eine weitere Lehrkraft des Faches führt eine Zweitkorrektur durch.

Für die Prüfung erhältst du also eine Note, die von zwei Lehrpersonen (beide korrigieren nach den vorgegebenen Beurteilungskriterien des Ministeriums) festgelegt wird und mit 50% in die Abschlussnote/Zeugnisnote einfließt.

Wenn die Prüfungsnote mit der Vornote, die deine Leistungen während des gesamten Schuljahres umfasst, übereinstimmt, ist das die Abschlussnote und damit gleichzeitig die Zeugnisnote. Wenn die Noten sich um eine Note unterscheiden, legen die beiden Lehrpersonen in Absprache die Abschlussnote fest.

Wenn die Differenz zwei Noten beträgt, wird der Mittelwert gebildet. Allerdings kannst du dich in diesem Fall auch für eine mündliche Prüfung entscheiden, um deine Zeugnisnote zu verbessern.

Eine mündliche Prüfung ist verpflichtend, wenn die Notendifferenz zwischen der Vornote und der Prüfungsnote drei oder mehr Noten beträgt.

Da alle erbrachten Leistungen in diesem Schuljahr entscheidend sind, bedeutet auch eine mangelhafte oder ungenügende Leistung in der Prüfung nicht gleichzeitig, dass der Abschluss nicht erreicht wurde.

Mündliche Prüfung

Eine mündliche Prüfung findet also nur unter bestimmten Bedingungen statt. Sollte es zu einer solchen kommen (freiwillig oder verpflichtend), sind folgende Punkte wichtig:

- Die Prüfung wird von der Fachlehrerin/dem Fachlehrer gestellt und durchgeführt. Hier gibt es keine zentralen Vorgaben.
- Inhaltlich bezieht sich die Prüfung auf Themenbereiche der Jahrgangsstufe 10, die der Schülerin/dem Schüler mitgeteilt werden.
- Es handelt sich um ein Prüfungsgespräch, das auf 15 Minuten begrenzt wird.
- Als Vorbereitungszeit stehen 10 Minuten zur Verfügung, damit sich die Schülerin/der Schüler mit der Aufgabe vertraut machen kann.
- In der Prüfung selbst trägt die Schülerin/der Schüler zunächst die Überlegungen zur Aufgabe selbstständig vor. Im Anschluss werden Fragen gestellt.
- Durch den Prüfungsausschuss wird, nachdem die mündliche Prüfung beendet ist, die Abschlussnote festgesetzt.

2 Prüfungsaufgaben

Das Bestehen der Abschlussprüfung hängt wesentlich davon ab, ob du die Aufgabenstellungen richtig verstanden hast und entsprechend beantworten kannst. Lies dir daher zunächst *alle* Aufgaben genau durch, bevor du mit dem Lösen beginnst! Jeder Aufgabentyp zeichnet sich durch bestimmte Aufgabenformulierungen aus, die du dir leicht merken kannst.

Jede Aufgabenstellung – egal ob du ein Gedicht analysieren, ein Diagramm auswerten, einen Text wiedergeben oder zu einem Sachverhalt Stellung beziehen sollst – enthält **Hinweiswörter**, die dir verraten, was du genau bei dieser Aufgabe machen sollst. Diese Hinweiswörter werden von manchen Lehrern auch **Operatoren** genannt.

Schwierigkeitsstufen

Bei der Prüfung gibt es drei **Schwierigkeitsstufen**:
- **Stufe 1**: Bei den Prüfungsaufgaben der Stufe 1 musst du Wissen wiedergeben.
- **Stufe 2**: Bei den Prüfungsaufgaben der Stufe 2 wird von dir verlangt, dass du deine Kenntnisse in einem neuen Zusammenhang anwendest, neu strukturierst sowie Fragen und Probleme selbstständig erfasst und verarbeitest.
- **Stufe 3**: Bei den Prüfungsaufgaben der Stufe 3 sollen komplexe Problemstellungen und Thematiken reflektiert und bewertet werden. Hier musst du eigene Lösungsansätze finden.

Das Schwierigkeitsniveau steigt von Stufe 1 bis 3 an. In Regel ist es so, dass die Hälfte der gestellten Aufgaben der Stufe 2 entsprechen.
Um welche jeweilige Schwierigkeitsstufe es sich handelt, welche Wörter darauf hinweisen und was du genau bei der jeweiligen Aufgabenstufe machen sollst, erklärt dir die folgende Tabelle.

Hinweiswörter (Operatoren)

Schwierig-keitsstufe	Hinweiswörter	Was muss ich tun?
		Sobald du eines dieser Wörter in der Aufgabenstellung siehst, geht es darum
Stufe 1	benennen, nennen	… den Inhalt / die Textaussage / den Sachverhalt / den Zusammenhang in eigenen Worten – aber strukturiert – wiederzugeben. Dabei solltest du darauf achten, dass du nur Wichtiges nennst. Deine eigene Meinung / dein Kommentar ist nicht gefragt.
	beschreiben	
	wiedergeben	
	zusammenfassen	
	darstellen	
Stufe 2	untersuchen, erschließen	… einen Text, einen Sachverhalt, Materialien unter Berücksichtigung einer bestimmten Fragestellung zu untersuchen.
	darstellen	… einen Zusammenhang, eine Problemstellung, ein Analyse-Ergebnis strukturiert und sachlich zu formulieren.

Schwierig-keitsstufe	Hinweiswörter	Was muss ich tun?
		Sobald du eines dieser Wörter in der Aufgabenstellung siehst, geht es darum
	deuten	... bestimmte literarische Phänomene (sprachliche Mittel, formale Mittel etc.) zu beschreiben und ihre Bedeutung zu verstehen und wiederzugeben.
	einordnen	... eine Aussage, eine Problemstellung, einen Sachverhalt in einen vorgegebenen oder selbst gewählten Zusammenhang einzubeziehen.
	vergleichen	... die vorgegebenen Materialien unter besonderen Aspekten zu vergleichen, das heißt, Gemeinsamkeiten, Unterschiede, Abweichungen und Ähnlichkeiten zu ermitteln.
	in Beziehung setzen	... Analyse-Ergebnisse miteinander in Verbindung zu setzen.
	erklären, erläutern	... die Textaussagen, die Sachverhalte mithilfe zusätzlicher Informationen und Beispiele bzw. mithilfe eigener Kenntnisse zu veranschaulichen.
	charakterisieren	... eine Person, ein Ereignis, einen Zustand innerhalb der dargestellten Situation zu erfassen und zu beschreiben.
Stufe 3	beurteilen	... aufgrund vorgegebener Materialien ein selbstständiges und begründetes Urteil zu fällen und zu erläutern.
	bewerten	... aufgrund vorgegebener Materialien ein selbstständiges und begründetes Urteil zu fällen, in dem eigene Wertmaßstäbe offengelegt werden.
	(kritisch) Stellung nehmen	... eine eigene Einschätzung zu der vorgegebenen Problemstellung zu geben. Dies setzt eine kritische Prüfung und eine sorgfältige Abwägung voraus.
	begründen	... ein Urteil, eine Einschätzung, eine Wertung fachlich und sachlich zu belegen (z. B. durch eigenes Wissen, Beispiele, ...).
	sich auseinander-setzen mit	... zu einer Thesenfrage oder zu einem Problem begründet Stellung zu beziehen. Du musst hier eine Argumentation entwickeln, die zu einem nachvollziehbaren Ergebnis führt.
	prüfen, überprüfen	... eine Textaussage, eine Behauptung, eine These, ein Analyse-Ergebnis auf der Grundlage eigener Kenntnisse und vorgegebener Materialien zu untersuchen und zu bewerten.
	entwerfen, entwickeln	... in Verbindung mit einer Textvorlage auf der Grundlage einer konkreten Arbeitsanweisung einen eigenen Text unter Benennung der notwendigen Entscheidungen und Arbeitsschritte zu planen und zu formulieren.
	gestalten	... auf der Grundlage eines Textes und einer konkreten Arbeitsanweisung einen eigenen Text nach festgelegten Kriterien zu erarbeiten.
	Schlussfolgerungen ziehen	... aus einem vorgegebenen Text, aus Gedanken etc. gültige und nachvollziehbare Aussagen abzuleiten.
	verfassen	... einen Text unter Berücksichtigung der geforderten Textmerkmale zu erstellen.

3 Textsorten und Textmerkmale

In deiner Abschlussprüfung DEUTSCH musst du die Aufgaben zumeist anhand eines Textes bearbeiten. Hierfür solltest du wissen, um welche Textart es sich handelt. Bei einigen Aufgaben musst du auch Textmerkmale nachweisen. Du solltest also nicht nur die jeweilige Textsorte erkennen, sondern auch die entsprechenden Textmerkmale zuordnen können.

Textsorten

Grundsätzlich lassen sich Texte in zwei Kategorien einteilen: die Sachtexte, die tatsächliche Ereignisse, Sachverhalte, Meinungen und Stellungnahmen zu einem bestimmten Thema wiedergeben und die literarischen Texte, deren Handlungen ausgedacht und daher fiktional sind.

Zu der Kategorie der **Sach- und Gebrauchstexte** (↗ Kapitel III) gehören:
- **informierende Texte** wie Nachricht, Bericht, Interview und Reportage
- **kommentierende Texte** wie Kommentar, Leserbrief und Glosse
- **Diagramme**, **Schaubilder** und **Grafiken**

Die **literarischen Texte** (↗ Kapitel II) gliedern sich in drei große Bereiche:
- **Lyrik**
  Die Lyrik zeichnet sich durch ihre gebundene Form aus, das heißt, es wird nicht in einem durchgängigen Fließtext geschrieben, sondern in Versen und Strophen. In lyrischen Texten (Gedichten) kommen Gefühle und Empfindungen zum Ausdruck. Neben einer bestimmten äußeren Form (Reimschema, Metrum) sind bei lyrischen Textsorten auch sprachliche und stilistische Besonderheiten zu finden (Metapher, Vergleich, Wiederholungen etc.). Wichtige lyrische Textsorten sind die Ballade, das Sonett und das Lied.

- **Epik** (erzählende Dichtung)
  Im Gegensatz zur Lyrik handelt es sich bei der Epik, der erzählenden Dichtung, um Texte, die in Prosa – das heißt, in ungebundener Schreibweise ohne Vers, Reim und Metrum – geschrieben sind. Hierbei unterscheiden wir lange bzw. Großformen der Epik (wie Saga oder Roman) und Kurzformen der Epik (wie Novelle, Erzählung, Anekdote, Kurzgeschichte, Märchen, Sage, Legende, Fabel).

- **Dramatik**
  Die letzte Gattung der literarischen Textsorten ist die Dramatik. Diese Texte sind für das Theater, also für eine Aufführung bestimmt. Hier findet man neben Regieanweisungen die Sprechtexte der einzelnen Rollen. Die Dramatik lässt sich in Tragödie, Komödie und Tragikkomödie unterteilen.

Textmerkmale

▶ **Ordne mithilfe von Pfeilen die einzelnen Textsorten den entsprechenden Merkmalen zu!**

Textsorte:
Märchen – Kurzgeschichte – Kommentar – Nachricht – Glosse – Fabel – Sonett – Ballade – Leserbrief – Bericht

a. _____
- informiert kurz und knapp
- ohne eigene Meinung und Wertung
- ist vom Wichtigen zum Unwichtigen aufgebaut
- mit der Überschrift (Schlagzeile) soll das Interesse der Leserinnen und Leser geweckt werden
- Zeitform ist das Präteritum
- Satzbau ist einfach und knapp

b. _____
- es ist ein Erzählgedicht
- beschreibt eine dramatische Begebenheit mit Höhepunkt
- das Ende ist oft tragisch
- es kommen Dialoge vor
- Mischform der literarischen Gattungen

c. _____
- Zuschrift eines Lesers/einer Leserin an eine Zeitung
- der Verfasser/die Verfasserin äußert sich zu einem Sachverhalt, über den in der Zeitung berichtet wurde
- er enthält Lösungsvorschläge, weitere Anregungen, die eigene Meinung oder Hinweise

d. _____
- kurze, lehrhafte Erzählung
- Tiere oder Pflanzen haben typische menschliche Eigenschaften oder Verhaltensweisen
- am Schluss steht eine Lehre

e. _____
- Meinung des Autors/der Autorin steht im Mittelpunkt
- sachliche Informationen und Hintergrundwissen stützen die Meinung des Autors/der Autorin
- es werden Argumente genannt
- am Ende steht das Fazit des Verfassers/der Verfasserin
- Leserschaft soll angeregt werden, sich eine eigene Meinung zu einem bestimmten Sachverhalt zu bilden

f. _____
- geringer Umfang
- es gibt keine Nebenhandlungen
- offener Schluss
- Alltagssituation
- entscheidender Moment im Leben eines Menschen
- es gibt keine Einleitung
- überraschender Wendepunkt am Ende

g. _____
- weist auf spöttische Art und Weise auf Missstände hin
- erscheint oft regelmäßig an derselben Stelle
- hat einen aktuellen Bezug
- der Autor/die Autorin äußert deutlich seine/ihre Meinung
- die Äußerungen sind ironisch, übertrieben, sarkastisch
- der Leser/die Leserin wird angeregt, sich eine eigene Meinung zu bilden

h. _____
- längere und ausführlichere Form der Nachricht

i. _____
- Inhalt ist frei erfunden
- im Mittelpunkt stehen fantastische Ereignisse, wie Wünsche, Zauberei, übernatürliche Kräfte
- Hexen, Riesen etc. kommen vor
- Schwarz-Weiß-Denken
- das Gute siegt am Ende
- die Zahlen 3, 7, 13 kommen häufig vor

j. _____
- Gedicht mit einer festen äußeren Form
- insgesamt 4 Strophen: die ersten beiden Strophen mit je vier Versen (Quartetten) und dem Reimschema *abba*, die letzten beiden Strophen mit je drei Versen (Terzetten)
- zwischen den Quartetten und den Terzetten besteht oft ein inhaltlicher Gegensatz

Kapitel II
Literarische Texte: Analyse und Interpretation

Basiswissen

Jede Prüfung enthält einen literarischen Text, der zu analysieren (untersuchen) und zu interpretieren (deuten) ist. In der Regel ist dies entweder ein Gedicht oder eine Kurzgeschichte. In seltenen Fällen geht es auch um eine Ganzschrift (z. B. um einen Roman).

Texte werden in Sachtexte (↗ Kapitel III) und literarische Texte unterschieden. In literarischen Texten sind die Handlungen ausgedacht, also fiktional. **Literarische Texte** werden in drei Bereiche eingeteilt:

1. Lyrik

    Kennzeichen der Lyrik sind:
    - gebundene Form (kein Fließtext, sondern Verse und Strophen)
    - es werden Gefühle und Empfindungen zum Ausdruck gebracht
    - äußere Form mit Reimschema und Metrum
    - sprachliche und stilistische Besonderheiten (Metapher, Vergleich, Wiederholung etc.)

    Wichtige **lyrische Textsorten** sind:
    - Gedicht, Ballade, Sonett, Lied

2. Epik (erzählende Dichtung)

    Kennzeichen der Epik sind:
    - ungebundene Schreibweise (Prosa)
    - Fließtext ohne Vers, Reim und Metrum

    Zu den **Großformen der Epik** zählen:
    - Saga
    - Roman

    Zu den **Kurzformen der Epik** zählen:
    - Novelle, Erzählung
    - Anekdote, Kurzgeschichte
    - Märchen, Sage
    - Legende, Fabel

3. Dramatik

    Kennzeichen der Dramatik sind:
    - für das Theater, also für eine Aufführung bestimmt
    - Regieanweisungen
    - Sprechtexte der einzelnen Rollen

    Die **Dramatik lässt sich einteilen** in:
    - Tragödie
    - Komödie
    - Tragikkomödie

Typische Arbeitsaufträge

Bei der **Analyse/Interpretation** eines **literarischen Textes** in der Prüfung musst du:
- das Thema des Textes erfassen und die zentralen Inhalte wiedergeben.
- den Aufbau und die Struktur des Textes beschreiben.
- Deutungsvorstellungen entwickeln und formulieren.
- den Text auf textspezifische Gattungsmerkmale hin prüfen.
- einzelne sprachliche Bilder herausarbeiten und anschließend im Gesamtkontext deuten.
- Textauszüge und Textaussagen in einen übergeordneten Zusammenhang einordnen.
- Textaussagen bewerten und beurteilen.
- die anfänglichen Vermutungen zu den abschließenden Analyse-Ergebnissen in Beziehung setzen.

In diesem Kapitel trainierst du:
- die Analyse und Interpretation einer **Kurzgeschichte**
- die Analyse und Interpretation eines **Gedichtes**

1 Kurzgeschichte

Im Gegensatz zur Lyrik sind die Texte der Epik (erzählende Dichtung) in Prosa verfasst, das heißt also in ungebundener Schreibweise ohne Vers, Reim und Metrum. Die Kurzgeschichte zählt zu den Kurzformen der Epik. Meist wird darin eine Alltagssituation dargestellt. Aufgrund ihrer Kürze eignet sie sich für die Prüfung besonders gut. Die Prosatexte in der Prüfung sind daher meistens Kurzgeschichten.

Gut zu wissen

Die **Merkmale einer Kurzgeschichte** sind:
- geringer Umfang
- es gibt keine Nebenhandlungen
- offener Schluss
- Alltagssituation
- entscheidender Moment im Leben eines Menschen
- es gibt keine Einleitung
- überraschender Wendepunkt am Ende

Bei den **sprachlichen Gestaltungsmitteln** einer Kurzgeschichte unterscheidet man Satzbau, Wortwahl und rhetorische Figuren:

Satzbau

Gestaltungsmittel	Erklärung	Beispiel
Kurze/einfache Sätze	Vollständige Sätze, die kein oder nur ein Objekt besitzen.	Ich gehe.
Lange Sätze	Meist **Satzgefüge**, in denen Hauptsätze mit Nebensätzen verknüpft sind. Auch **Satzreihen**, die mehrere Hauptsätze aneinanderreihen, gehören hierzu.	Ich versuche das jetzt, denn eine zweite Chance kommt nie wieder. Das Wasser ist kalt und ich will trotzdem schwimmen.
Aufzählungssätze	Gleichrangiges wird in einem Satz aufgezählt.	Ich mag Pflaumen, Äpfel und Birnen.
Satzellipsen	Grammatisch unvollständige Sätze, in denen Wörter (oft Verben) ausgelassen werden.	Ende gut, alles gut.
Inversionen	Umkehrungen der normalen Wortstellung.	Ein Lügner ist er.

Wortwahl

Gestaltungsmittel	Erklärung	Beispiel
Besondere Nomen (Hauptwörter): ■ Verben, die als Nomen gebraucht werden ■ Zusammengesetzte Nomen	Durch Erkennungszeichen für Nomen (z. B. Artikel) werden Verben zu Nomen. Ein neues Nomen entsteht durch zwei oder mehr zusammengesetzte einzelne Nomen.	Beim Arbeiten, das Laufen Naturschutzgebiet
Besondere Verben (Tätigkeitswörter): ■ Präfixverben ■ Reflexive Verben	Verben, die sich nur durch ihre Vorsilben unterscheiden. Verben, die mit „sich" in Verbindung stehen, wodurch ein Bezug zum Handelnden hergestellt wird.	Vormachen, mitmachen Sich schieben, sich ansehen
Besondere Adjektive (Eigenschaftswörter): ■ Farbadjektive ■ Steigerungen	Adjektive, die farbliche Eigenschaften beschreiben. Gesteigerte Adjektive (1. und 2. Steigerungsstufe), auch zum Vergleich.	Grün, goldig, gelb Größer, schöner, am besten

Rhetorische Figuren

Gestaltungsmittel	Erklärung	Beispiel
Vergleich	Dient der Veranschaulichung und ist meistens an den Vergleichswörtern *wie* und *als* zu erkennen.	Er kämpft wie ein Löwe.
Metapher	Sprachliches Bild, das eine übertragene Bedeutung hat.	Die Blüte des Lebens
Hyperbel	Übertreibung, sodass die Aussage wörtlich genommen nicht zutreffend ist.	Das sagte ich dir schon tausendmal.
Ironie	Es ist genau das Gegenteil zu dem wörtlich Ausgesagten gemeint.	Dies ist ja eine schöne Bescherung.
Wiederholung	Wörter werden unregelmäßig in beieinanderstehenden Sätzen wiederholt.	Er sah das. Nur er verstand es nicht.
Rhetorische Frage	Sie wird nur zum Schein gestellt, da eine Antwort nicht erwartet wird oder schon vorgegeben ist.	Glaubst du das wirklich?

Übung 1: Im Spiegel (Margret Steenfatt)

▶ Interpretiere die nachfolgende Kurzgeschichte von Margret Steenfatt!

Im Spiegel

„Du kannst nichts", sagten sie, „du machst nichts, aus dir wird nichts." Nichts. Nichts. Nichts. Was war das für ein NICHTS, von dem sie redeten und vor dem sie offensichtlich Angst hatten, fragte sich Achim, unter Decken
5 und Kissen vergraben. Mit lautem Knall schlug die Tür hinter ihnen zu.
Achim schob sich halb aus dem Bett. Fünf nach eins. Wieder mal zu spät. Er starrte gegen die Zimmerdecke. - Weiß. Nichts. Ein unbeschriebenes Blatt Papier, ein
10 ungemaltes Bild, eine tonlose Melodie, ein ungesagtes Wort, ungelebtes Leben.
Eine halbe Körperdrehung nach rechts, ein Fingerdruck auf den Einschaltknopf seiner Anlage. Manchmal brachte Musik ihn hoch.
15 Er robbte zur Wand, zu dem großen Spiegel, der beim Fenster aufgestellt war, kniete sich davor und betrachtete sich: lang, knochig, graue Augen im blassen Gesicht, hellbraune Haare, glanzlos. „Dead Kennedys" sangen: „Weil sie dich verplant haben, kannst du nichts anderes
20 tun als aussteigen und nachdenken." Achim wandte sich ab, erhob sich, ging zum Fenster und schaute hinaus. Straßen, Häuser Läden, Autos, Passanten, immer dasselbe.
Zurück zum Spiegel, näher heran, so nahe, dass er
25 glaubte das Glas zwischen sich und seinem Spiegelbild durchdringen zu können. Er legte seine Handflächen gegen sein Gesicht im Spiegel, ließ seine Finger sanft über Wangen, Augen, Stirn und Schläfen kreisen, streichelte, fühlte nichts als Glätte und Kälte.
30 Ihm fiel ein, dass in dem Holzkasten, wo er seinen Kram aufbewahrte, noch Schminke herumliegen musste. Er fasste unters Bett, wühlte in den Sachen im Kasten herum und zog die Pappschachtel heraus, in der sich einige zerdrückte Tuben fanden. Von der schwarzen Farbe war
35 noch ein Rest vorhanden. Achim baute sich vor dem Spiegel auf und malte zwei dicke Striche auf das Glas, genau dahin, wo sich seine Augenbrauen im Spiegel zeigten. Weiß besaß er reichlich. Er drückte eine Tube aus, fing die weiche ölige Masse in seinen Händen auf,
40 verteilte sie auf dem Spiegel über Kinn, Wangen und Nase und begann, sie langsam und sorgfältig zu verstreichen. Dabei durfte er sich nicht bewegen, sonst verschob sich seine Malerei. Schwarz und Weiß sehen gut aus, dachte er, fehlt noch Blau. Achim grinste seinem
45 Bild zu, holte das Blau aus dem Kasten und färbte noch die Spiegelstellen über Stirn und Augenlidern.
Eine Weile verharrte er vor dem bunten Gesicht, dann rückte er ein Stück zur Seite und wie ein Spuk tauchte sein farbloses Gesicht im Spiegel wieder auf, daneben
50 eine aufgemalte Spiegelmaske. Er trat einen Schritt zurück, holte mit dem Arm weit aus und ließ seine Faust in die Spiegelscheibe krachen. Glasteile fielen herunter, Splitter verletzten ihn, seine Hand fing an zu bluten. Warm rann ihm das Blut über den Arm und tröpfelte zu
55 Boden. Achim legte seinen Mund auf die Wunden und leckte das Blut ab. Dabei wurde sein Gesicht rot verschmiert.
Der Spiegel war kaputt. Achim suchte sein Zeug zusammen und kleidete sich an. Er wollte runtergehen und
60 irgendwo seine Leute treffen.

Margret Steenfatt: Im Spiegel. Aus: H. J. Gelberg (Hg.): 7. Jahrbuch der Kinderliteratur. Beltz & Gelberg, Weinheim/Basel 1984, S. 218 ff.

Schritt 1: Inhaltsangabe

> **HINWEIS** Der erste Teil einer Interpretation ist die kurze Wiedergabe des Textes. Für diese Inhaltsangabe musst du den Text vollständig verstanden haben und im Einleitungssatz erfassen, was das Thema der Kurzgeschichte ist.

1 Vorbereitung des Einleitungssatzes

1.1 Welche der Aussagen erfasst am besten, worum es in der Kurzgeschichte geht? Kreuze an!

- a. Der Junge Achim hat keine Lust, morgens aufzustehen.
- b. Die Eltern des Jungen Achim kümmern sich nicht um ihn.
- c. Achim will sich hinter einer Maske verstecken.
- d. Achim möchte Maler werden.
- e. Die Hauptperson der Kurzgeschichte ist wütend auf sich selbst.
- f. Achim befindet sich in einer schwierigen Phase des Erwachsenwerdens und hat Konflikte mit sich selbst und anderen.
- g. Die Hauptperson fühlt sich unverstanden.

1.2 Schreibe nun den Einleitungssatz der Inhaltsangabe, in dem du Autorin, Titel, Textart und Inhalt/Thema benennst! Vervollständige den folgenden Satz.

In der _____ *„Im* _____ *" von* _____

geht es um/darum, dass _____

_____

2 Vorbereitung der Inhaltsangabe

2.1 Bereite die Wiedergabe des Inhaltes vor, indem du die Kurzgeschichte in Sinnabschnitte einteilst. Notiere in Stichwörtern oder in einem kurzen Satz, was in jedem Abschnitt geschieht!

> **TIPP** Gehe hier von vier Abschnitten aus!

Zeile 1–11:
Achim hat verschlafen und wird mit Vorwürfen konfrontiert.

Zeile 12–____:

_____

_____

Zeile ____–____:

_____

_____

Zeile ____–____:

_____

3 Inhaltsangabe

3.1 Schreibe nun eine zusammenhängende Inhaltsangabe. Zieh deine Vorarbeiten mit ein und bedenke, dass du …

    a. … einen passenden Einleitungssatz verfasst (den hast du bereits erstellt! ↗ 1.2).
    b. … sachlich schreibst.
    c. … in der Gegenwart (Präsens) schreibst.
    d. … nur das wirklich Wichtige anführst.
    e. … chronologisch die wesentlichen Erzähl- und Handlungsschritte wiedergibst.

Schritt 2: Hauptteil erstellen

> **HINWEIS** Im Hauptteil musst du nun verschiedene Aspekte der Kurzgeschichte analysieren und deuten.

1 Erzählperspektive

> **HINWEIS** Obwohl jede Geschichte einen Erzähler oder eine Erzählerin hat, kann auf eine ganz unterschiedliche Art erzählt werden. In der Prüfung wird daher von dir verlangt, dass du die Erzählweise der jeweiligen Geschichte genauer untersuchst. Im Wesentlichen lassen sich hierbei drei Erzählperspektiven unterscheiden.

1.1 Kreuze nachfolgend an, wenn das jeweilige Merkmal bei der vorliegenden Kurzgeschichte zutrifft. Du findest schnell die passende Erzählperspektive bei den drei Möglichkeiten, wenn alle Unterpunkte als zutreffend angekreuzt sind.

Ich-Perspektive / Ich-Erzähler:
- ☐ Die Erzählerin lässt die Leserinnen und Leser an ihren persönlichen Erfahrungen teilhaben.
- ☐ Es wird in der Ich-Form erzählt, also aus Sicht Achims.
- ☐ Das Erzählte wirkt sehr direkt und subjektiv.

Allwissender / auktorialer Erzähler:
- ☐ Die Erzählerin erzählt aus einer größeren Distanz, scheinbar objektiv.
- ☐ Es wird in der Er-/Sie-Form geschrieben.
- ☐ Die Erzählerin beschreibt je nach Absicht auch die Gedanken und Gefühle Achims.
  (= Erzählung aus der Innensicht)
- ☐ Die Person wird zudem beschreibend aus der Außensicht dargestellt.
- ☐ Die Erzählerin überblickt das erzählte Geschehen.

Personale Erzählperspektive / personaler Erzähler:
- ☐ Die Erzählerin schildert ausschließlich die Gedanken und Gefühle Achims.
  (= Er-/Sie-Erzählung aus der Innensicht)

1.2 Zusätzlich werden noch weitere Angaben benötigt. Kreuze an, was zutrifft!

Allgemein:
- ☐ Es wird in der Gegenwart erzählt.
- ☐ Die Geschichte wird chronologisch erzählt.
- ☐ Die Erzählerin verwendet Zeitformen der Vergangenheit.

2 Personen und Handlung

> **HINWEIS** Als nächstes schaust du dir die Personen an und untersuchst, in welcher Beziehung sie zueinander stehen. Danach machst du dir Gedanken zur Handlung. Die nachfolgenden Fragen helfen dir dabei.

2.1 Wer ist die hauptsächlich handelnde Person in der Kurzgeschichte? ■ _____

2.2 Welche anderen Personen werden erwähnt? Spekuliere und begründe, wer diese sein könnten! ■

2.3 Wie ist das Verhältnis der Personen zueinander (Achim – „sie" / Achim – „seine Leute")? ■■

2.4 Beschreibe Achims Selbstsicht (Z. 17–18)! ■■

2.5 Warum malt Achim sein Gesicht im Spiegel „bunt" an? Was geht in ihm vor? Überlege auch, wofür die „bunte" Spiegelmaske stellvertretend stehen könnte! ■■■

2.6 Versuche, die Zerstörung des Spiegels / der Spiegelmaske zu deuten, nachdem sein eigenes Gesicht daneben auftaucht (Z. 50–55)! ■■■

LITERARISCHE TEXTE ■ Übungen

3 Sprachliche Gestaltung

> **HINWEIS** Die Form eines Textes, seine sprachliche Gestaltung also, muss bei einer Interpretation nicht nur erkannt, sondern immer mit dem Inhalt und der Wirkung verknüpft werden (= Herausstellen der Bedeutung). Die zentrale Fragen lauten: Wie wird was ausgesagt und welche Wirkung wird dadurch erzielt? Am besten wiederholst du hierfür vorher noch einmal die sprachlichen Gestaltungsmittel (Satzbau, Wortwahl, rhetorische Figuren).

3.1 Untersuche zunächst die Kurzgeschichte auf die oben genannten sprachlichen Gestaltungsmittel und markiere sie unterschiedlich farbig. Fülle anschließend die nachstehende Tabelle bezüglich der inhaltlichen Wirkung aus. ■■■

Sprachliche Gestaltung	Inhalt/Wirkung
Aufzählungssätze (Z. 9–10, 15–16, 18–19, 26–29)	Der chronologische Ablauf der Aktivitäten Achims wird verdeutlicht.
Wiederholung des Wortes „nichts" (siebenmal in den ersten drei Zeilen)	Hervorhebung der Vorwürfe Achim gegenüber, ein Nichtsnutz und Nichtskönner zu sein (vgl. 2.2, 2.3)
Wiederholung des Wortes „sie" (Z. 1/3)	_____ _____ _____ (vgl. 2.2, 2.3)
Metaphern (Z. 9–11)	Achims Wahrnehmung der für ihn trostlosen Umgebung
Metapher „brachte Musik ihn hoch" (Z. 13–14)	_____ _____ _____
Reflexive Verben (schob sich (Z. 7), kniete sich (Z. 16), betrachtete sich (Z. 16), wandte sich ab (Z. 20), erhob sich (Z. 21), baute sich auf (Z. 35), kleidete sich an (Z. 59))	_____ _____ _____ _____
Metapher „glanzlos" (Z. 18)	_____ _____ _____ (vgl. 2.4)
Vergleich „wie ein Spuk" (Z. 48)	_____ _____ (vgl. 2.6)
Metapher „seine Leute" (Z. 60)	_____ _____ _____ (vgl. 2.2, 2.3)

4 Textart und Aufbau

4.1 Die jeweilige Textart spielt natürlich eine wichtige Rolle bei der Interpretation. Was macht eigentlich eine Kurzgeschichte aus? Kreuze bei den Merkmalen die richtigen Antworten an! ■

In einer Kurzgeschichte …
- ☐ … wird eine alltägliche Situation dargestellt.
- ☐ … wird häufig eine kurze Momentaufnahme oder eine besonders konfliktreiche Lebenssituation dargestellt.
- ☐ … werden sehr ausschweifend alle Charaktere beschrieben.
- ☐ … stehen meist wenige Personen, um die es geht, im Mittelpunkt.
- ☐ … findet eine ausführliche Einführung in das Geschehen statt.
- ☐ … bleibt der Schluss meist offen, wodurch der Leser/die Leserin zum Nachdenken angeregt wird.
- ☐ … bleibt der Anfang unvermittelt, das heißt, der Leser/die Leserin wird direkt in die Situation versetzt, ohne eingeführt zu werden.
- ☐ … werden Geschehnisse über einen längeren Zeitraum detailliert geschildert.
- ☐ … findet sich eine einfache und alltägliche Sprache, die gut verständlich ist.

4.2 Schreibe auf, inwiefern die vorliegende Kurzgeschichte „Im Spiegel" Merkmale einer Kurzgeschichte aufweist! Vergiss nicht, hierfür Textbelege zu nennen! ■■

In der Kurzgeschichte „Im Spiegel" wird ein für diese Textart typisches Merkmal aufgezeigt, nämlich dass _____ . Inhaltlich zeigt sich dies _____

Schritt 3: Schluss verfassen

HINWEIS Im Schlussteil musst du eine persönliche Stellungnahme und Wertung der Kurzgeschichte vornehmen. Hier kannst du aufschreiben, was dir daran gefallen hat oder auch nicht. Dein Urteil sollte aber begründet und am Text belegt sein. Natürlich kannst du auch aufnehmen, was in deinen Augen an der Kurzgeschichte von Bedeutung für die Leserinnen und Leser ist oder welche Fragen offengeblieben sind.

1 Schluss

1.1 Notiere zunächst Stichpunkte für deine Stellungnahme und sortiere sie nach Positivem und Negativem! Vergiss nicht, den Zeilenbeleg mitanzugeben! Anschließend nummerierst du deine Argumente nach ihrer Wichtigkeit.

+ (Gut gefallen hat mir …)	– (Nicht so gut gefallen hat mir …)

1.2 Formuliere aus deinen Stichpunkten den Schluss, in dem du die Kurzgeschichte „Im Spiegel" bewertest und eine persönliche Stellungnahme abgibst! Die Formulierungshilfen erleichtern dir den Anfang.

Formulierungshilfen

- *Ich bin der Meinung, dass …*
- *Meines Erachtens …*
- *Gut gefallen an der Kurzgeschichte hat mir(,) …*
- *Persönlich bleibt bei der Kurzgeschichte für mich unklar, …*
- *Unverständlich finde ich an der Kurzgeschichte, dass …*
- *Was ich gut nachvollziehen kann, ist(,) … , aber …*
- *Besonders gut finde ich(,) …*

Gliederung und Aufsatz

> **HINWEIS** Schreibe anhand deiner Vorarbeiten einen zusammenhängenden Aufsatz. Die Inhaltsangabe mit Einleitungssatz hast du bereits verfasst. Formuliere anschließend den Hauptteil deiner Interpretation, dabei hilft dir die nachstehende Gliederung. Den Schluss hast du auch schon fertig! Ihn stellst du an das Ende deiner Interpretation.

Gliederungsschema: Interpretation einer Kurzgeschichte

1 **Einleitungssatz** (Nennung von Autor/Autorin, Textart, Titel und Thema in einem Satz) und **Inhaltsangabe**

2 **Hauptteil:**
- Darlegung der Ergebnisse der Textanalyse (= *Analyse*)
    a. Erzählperspektive
    b. Personen/Handlung
    c. Sprachliche Gestaltung (Wortwahl, Satzbau, Sprachebene, Stilmittel)
    d. Textart/Aufbau
- Verknüpfung der einzelnen Analyse-Ergebnisse mit Inhalt und Wirkung (= *Interpretation*)

3 **Schluss:**
- Persönliche Stellungnahme und begründete Wertung

> **TIPP** Dieses Gliederungsschema kannst du dir generell für die Interpretation einer Kurzgeschichte einprägen. Die drei Hauptteile (Einleitung, Hauptteil, Schluss) kannst du auch A, B, C nennen.

1 Hauptteil

1.1 Formuliere nun noch mithilfe deiner Vorarbeiten aus Schritt 2 einen zusammenhängenden Text für den Hauptteil deiner Interpretation. ■■■

LITERARISCHE TEXTE ■ Schnell-Check

Schnell-Check Interpretation Kurzgeschichte

	☹	☺
Inhalt		
Meine Einleitung besteht aus Einleitungssatz und Inhaltsangabe.		
In der Einleitung habe ich die Autorin, den Titel, die Textart und das Thema der Kurzgeschichte genannt und mich auf das Wesentliche beschränkt.		
Meine Einleitung ist sachlich und im Präsens (Gegenwart) verfasst.		
Im Hauptteil bin ich chronologisch vorgegangen.		
Ich habe die Erzählperspektive richtig erkannt und mit Textstellen belegt.		
Die sprachlichen Besonderheiten habe ich am Inhalt belegt. Ihre Wirkung in Bezug auf Personen und Handlung habe ich berücksichtigt.		
Ich habe die Merkmale einer Kurzgeschichte genannt und sie am Text belegt.		
Meine Stellungnahme und die Bewertung sind gut begründet.		
Ich habe einzelne Aspekte herausgearbeitet, die mir besonders wichtig erscheinen.		
Ausdruck		
Ich habe alles im Präsens (Gegenwart) verfasst.		
Meine Formulierungen sind klar und deutlich.		
Meine Satzanfänge variieren.		
Meine Sätze sind abwechslungsreich aufgebaut, Schachtelsätze habe ich vermieden.		
Grammatik, Rechtschreibung, Zeichensetzung		
Die Fremdwörter und Wörter, bei deren Schreibung ich nicht sicher bin, habe ich im Wörterbuch nachgeschlagen.		
Ich habe mich verständlich ausgedrückt. Meine Sätze sind grammatikalisch korrekt.		
Rechtschreibung und Zeichensetzung habe ich mehrmals überprüft. Dabei habe ich auf meine Fehlerschwerpunkte geachtet.		
Form		
Ich habe meine Interpretation in Einleitung, Hauptteil und Schluss eingeteilt.		
Ich konnte Durchstreichungen und spätere Einfügungen vermeiden, weil ich mich an meine Stichpunkte gehalten habe. Meine Schrift ist gut lesbar.		
Ich habe meinen Aufsatz mithilfe von Absätzen übersichtlich gegliedert.		

2 Gedicht

In fast jeder Prüfung wird eine Gedichtinterpretation verlangt. Es lohnt sich also, die formalen Aufbau-Prinzipien und die in der Lyrik bevorzugten sprachlichen und stilistischen Mittel besonders gut zu lernen. Viele der sprachlichen Gestaltungsmittel finden auch in anderen literarischen Texten Verwendung.

Gut zu wissen

Gedichte bestehen im Allgemeinen aus Reimen, die durch den Gleichklang am Ende der Verse zustande kommen. Es können sich auch Wörter reimen, die im Schriftbild unterschiedlich aussehen. Die Reimpaare kennzeichnet man mit den gleichen kleinen Buchstaben in alphabetischer Reihenfolge. Daraus ergibt sich das sogenannte „**Reimschema**".

Reimart	Erklärung	Beispiel	Reimschema
Paarreim	Hier reimen sich jeweils die beiden aufeinander folgenden Verse.	Lust – Frust	a a
Kreuzreim	Der Reim folgt erst im übernächsten Vers.	Welt – Herz – fällt – Schmerz	a b a b
Umarmender Reim	Hier „umarmt" ein Reim einen Paarreim.	Singen – halten – walten – springen	a b b a
Haufenreim	Mehrere aufeinander folgende Verse reimen sich.	Haus – Maus – Laus – Graus	a a a a
Schweifreim	Es handelt sich um eine Kombination aus einem Paarreim und einem umarmenden Reim.	Spatz – Schatz – klingen – lachen – wachen – singen	a a b c c b

Deine Gedichtbeschreibungen und Deutungen musst du am Text belegen. Beachte hierfür die **Zitierregeln**:
- Der wörtlich übernommene Text wird in **Anführungszeichen** gesetzt.
- Unmittelbar im Anschluss an die zitierte Textstelle folgt in Klammern die **Zeilenangabe**. Bei Gedichten bezeichnet man die einzelnen Zeilen als Verse. Du kannst das Wort „Vers" in der Klamer mit „V." abkürzen. Vergiss nicht, auch die Strophe mitanzugeben!

Übung 2: Willkommen und Abschied (J. W. v. Goethe)

▶ Interpretiere das nachfolgende Gedicht von Johann Wolfgang von Goethe!

Willkommen und Abschied (1789)

Es schlug mein Herz, geschwind zu Pferde!
Es war getan fast eh gedacht;
Der Abend wiegte schon die Erde,
Und an den Bergen hing die Nacht;
Schon stand im Nebelkleid die Eiche,
Ein aufgetürmter Riese, da,
Wo Finsternis aus dem Gesträuche
Mit hundert schwarzen Augen sah.

Der Mond von einem Wolkenhügel
Sah kläglich aus dem Duft hervor,
Die Winde schwangen leise Flügel,
Umsausten schauerlich mein Ohr;
Die Nacht schuf tausend Ungeheuer,
Doch frisch und fröhlich war mein Mut:
In meinen Adern welches Feuer!
In meinem Herzen welche Glut!

Dich sah ich, und die milde Freude
Floss von dem süßen Blick auf mich;
Ganz war mein Herz auf deiner Seite
Und jeder Atemzug für dich.
Ein rosenfarbnes Frühlingswetter
Umgab das liebliche Gesicht,
Und Zärtlichkeit für mich – ihr Götter!
Ich hofft es, ich verdient es nicht!

Doch ach, schon mit der Morgensonne
Verengt der Abschied mir das Herz:
In deinen Küssen welche Wonne!
In deinem Auge welcher Schmerz!
Ich ging, du standst und sahst zur Erden
Und sahst mir nach mit nassem Blick:
Und doch, welch Glück, geliebt zu werden!
Und lieben, Götter, welch ein Glück!

*Johann Wolfgang von Goethe: Gedichte. Hrsg.
und kommentiert von Erich Trunz. München 1988*

Schritt 1: Vorarbeiten

> **HINWEIS** Um ein Gedicht interpretieren zu können, musst du am Text viele Vorarbeiten zu formalen Elementen, sprachlichen Mitteln und zur Erschließung der Stropheninhalte vornehmen. Das Erkennen von Reimschemata oder bestimmter Stilfiguren mag anfangs kompliziert erscheinen, ist aber reine Übungssache. Wenn du einige Gedichte interpretiert hast und mit der Vorgehensweise vertraut bist, bist du schon fast auf der sicheren Seite. Es reicht, wenn du einige Sprach- und Stilmittel erkennst. In der Prüfung wird von dir nicht erwartet, dass du alle nachweist.

> **TIPP** Das erledigst du am besten, indem du „mit dem Stift" liest, also Randbemerkungen am Text machst und Wichtiges unterstreichst.

1 Formaler Aufbau

Reimschema und Reimarten:

1.1 Betrachte die Versenden der ersten Strophe und bestimme mit kleinen Buchstaben das Reimschema! Verwende a für das erste Versende, b für das zweite usw. Die Versenden, die sich reimen, markierst du mit gleichen Buchstaben. Kontrolliere auch die weiteren Strophen und unterstreiche Abweichungen, falls welche vorhanden sind. ▪

1.2 Welche Aussage trifft auf Reimarten und Reimschema in dem Gedicht zu? Kreuze an! ▪
- a. In jeder Strophe befinden sich vier Paarreime mit dem Reimschema aabbccdd.
- b. Jede Strophe weist einen umarmenden Reim und zwei Kreuzreime mit dem Reimschema abbacdcd auf.
- c. Man findet pro Strophe vier Kreuzreime mit dem Reimschema ababcdcd und alle Reime sind sauber.
- d. In Goethes Gedicht gibt es durchgängig keine Reimarten.
- e. Pro Strophe werden vier Kreuzreime mit dem Reimschema ababcdcd verwendet, wobei in Strophe 1 der c-Kreuzreim, in Strophe 3 der a- und c-Kreuzreim und in Strophe 4 der d-Kreuzreim unsauber sind.

Kadenzen (Geschlecht) der Endreime:

1.3 Wenn der Gleichklang der Versenden bei den Reimen einsilbig ist (z. B. gut – Mut), ist der Endreim männlich. Bei einer Zweisilbigkeit spricht man von einer weiblichen Kadenz des Reimes (z. B. Son|ne – Won|ne). Lege nun mit Buchstaben (m./w.) am Rand des Gedichtes die jeweilige Kadenz der Reime fest! ▪

1.4 Welche der Aussagen treffen bei diesem Gedicht zu? Kreuze an! ▪▪
- a. Die Kadenzen aller Reime sind männlich.
- b. Die a- und c-Kreuzreime besitzen eine weibliche Kadenz.
- c. Die b- und d-Kreuzreime sind männlich.
- d. Alle Kadenzen der Kreuzreime sind weiblich.
- e. Die a- und b-Kreuzreime weisen eine weibliche Kadenz auf.
- f. Die c- und d-Kreuzreime sind männlicher Kadenz.
- g. Da es in dem Gedicht keine Reime gibt, sind auch die Kadenzen nicht zu bestimmen.

LITERARISCHE TEXTE ■ Übungen

Metrum:

1.5 Lies die ersten beiden Verse der ersten Strophe bewusst mit verschiedenen Silbenbetonungen und laut! Es ergibt sich eine bestimmte flüssige Folge betonter und unbetonter Silben. Dieser Aufbau ist dir als Metrum bekannt und muss nun bestimmt werden. Gehe Silbe für Silbe durch und markiere die unbetonten Silben mit einem u, die betonten Silben mit einem b (schreibe zwischen die Gedichtzeilen). Daraus ergibt sich automatisch das Metrum. ■■

1.6 Kreuze an, welche Aussage zutrifft! ■■
- **a.** Goethe verwendet als Metrum den Trochäus (betont – unbetont).
- **b.** In dem Gedicht findet sich als Metrum der Jambus (unbetont – betont).
- **c.** Als Metrum lässt sich der Daktylus (betont – unbetont – unbetont) erkennen.
- **d.** Das Metrum ist nicht eindeutig zu erkennen.

Erzählperspektive:

1.7 Auch ein Gedicht kann auf verschiedene Weise erzählt werden. Die vorliegende Erzählperspektive musst du bestimmen. Kreuze an! ■
- **a.** Das Gedicht wird aus der Perspektive des lyrischen Ichs erzählt.
- **b.** Der Erzähler ist hier ein auktorialer, der außerhalb des Gedichtes steht.
- **c.** Da hier nur Fakten wiedergegeben werden, handelt es sich um einen neutralen Erzähler.

Tempus:

1.8 Welche Erzählzeit liegt in dem Gedicht vor? Gibt es Ausnahmen? Kreuze an! ■■
- Es wird nur in der Gegenwart (Präsens) geschrieben.
- Die Erzählzeit ist die Vergangenheit (Präteritum) mit einer Ausnahme in Strophe 4, Vers 2. Hier wird in der Gegenwart geschrieben.
- Das gesamte Gedicht ist im Futur (Zukunft) verfasst.

2 Sprachliche Mittel

2.1 In dem Gedicht hat Goethe unterschiedliche sprachliche Stilmittel verwendet, die du mithilfe von Markierungen herausfinden musst. Ordne zunächst zur Wiederholung dem jeweiligen Fachbegriff die passende Erklärung durch eine Verbindungslinie zu! ■■

Fachbegriff	Erklärung
1. Metapher	a. Es soll besondere Aufmerksamkeit auf eine Aussage gelenkt werden.
2. Personifikation	b. Menschliche Eigenschaften werden Dingen oder Tieren zugesprochen. (= Belebung)
3. Anruf	c. Mehrere Wörter beginnen mit dem gleichen Anlaut.
4. Antithese	d. Wörter werden unregelmäßig wiederholt.
5. Anapher	e. Zwei Bildbereiche werden in einen neuen, ungewöhnlichen Zusammenhang gebracht.
6. Alliteration	f. Gegenüberstellung entgegengesetzter Begriffe
7. Parallelismus	g. Wortwiederholung am Anfang der Verse
8. Wiederholung	h. Verschiedene Verse sind gleich aufgebaut.

2.2 Suche und markiere in dem Gedicht die entsprechenden Stilmittel! Notiere zusätzlich die Strophe und den Vers! ■■■

Metapher: _____

Personifikation: _____

Anruf: _____

Antithese: _____

Anapher: _____

Alliteration: _____

Parallelismus: _____

Wiederholung: _____

3 Stropheninhalt

3.1 Notiere kurz und stichwortartig, worum es in den einzelnen Strophen geht! ■■

> **TIPP** Achte auf die Tageszeiten!

Strophe 1: _____

Strophe 2: _____

Strophe 3: _____

Strophe 4: _____

LITERARISCHE TEXTE ■ Übungen

Schritt 2: Einleitung schreiben

HINWEIS Die Einleitung einer Gedichtinterpretation muss Angaben zu Titel, Verfasser, Erscheinungsjahr, Thema und Gattung beinhalten. Denk auch daran, deinen unmittelbaren Eindruck wiederzugeben, den du hattest, als du das Gedicht das erste Mal gelesen hast.

TIPP Wenn dir hierzu nichts einfällt, versuche die Stimmung zu beschreiben, die das Gedicht vermittelt.

1 Einleitung

1.1 Wähle aus den Angaben die richtige Formulierung aus und vervollständige damit den nachfolgenden Lückentext: ■

1789 – Liebeslyrik – Treffen zweier sich liebenden Personen – emotional – Willkommen und Abschied – Johann Wolfgang von Goethe

Das von _____ im Jahre _____ überarbeitete Gedicht „_____" gehört zur Gattung der _____ .

Es handelt von dem _____

_____ .

Der erste Eindruck nach dem Lesen und die Stimmung in dem Gedicht sind sehr _____ .

Schritt 3: Hauptteil erstellen

1 Formale Aspekte

HINWEIS Der Hauptteil beschäftigt sich mit zwei wesentlichen Aspekten. Zunächst musst du Angaben zum formalen Aufbau machen (Strophenanzahl, Versanzahl pro Strophe, Reimarten, Reimschema, Kadenzen, Metrum, Erzählperspektive und Tempus). Diese hast du schon herausgearbeitet.

1.1 Benutze deine Vorarbeiten und fülle den Lückentext aus! ■

Das Gedicht besteht aus _____ mit jeweils _____ .

Pro Strophe finden sich _____ nach dem Reimschema _____ . Unsauberkeiten in den Reimen sind in _____

_____

_____ vorhanden.

Das verwendete Metrum ist der _____ . Es wird aus der Perspektive des lyrischen _____ geschrieben. Die bis auf eine Ausnahme verwendete Erzählzeit ist _____ . Die Abweichung in die Gegenwart findet sich in _____ , Vers _____ .

2 Inhaltliche Wirkung der Stilmittel

> **HINWEIS** Weiterhin musst du die Stilmittel und ihre Wirkung untersuchen. Dabei kannst du auf deine Vorarbeiten zurückgreifen. Die rhetorischen Mittel hast du schon herausgearbeitet. Jetzt analysierst du ihre inhaltliche Wirkung. Hierbei gehst du strophenweise vor. Beschreibe zuerst kurz den Stropheninhalt und stelle dir dann die Frage: Was wird wie ausgesagt?

2.1 Vervollständige hierzu die Tabellen! ▪▪▪

Inhalt Strophe 1: Der Ritt des lyrischen Ichs am frühen Abend wird stimmungsreich beschrieben.

Rhetorisches Mittel	Inhaltliche Wirkung
▪ Anruf 2 (V. 1) und Anapher (V. 1/2)	▪ Es wird dargestellt, dass das lyrische Ich es eilig hat und sich körperlich anstrengt.
▪ Metapher (V. 3/4)	▪ Der anbrechende Abend als Tageszeit wird verdeutlicht.
▪ Metapher (V. 5/6) und Personifikation (V. 7/8)	▪ Beschreibung einer etwas unheimlichen Stimmung während des Ritts

Inhalt Strophe 2: Der Ritt durch die beginnende Nacht wird weiterhin beschrieben.

Rhetorisches Mittel	Inhaltliche Wirkung
▪ Personifikation (V. 1/2), Metaphern (V. 3 u. 5)	▪ Das lyrische Ich scheint sich in der schaurigen Nacht zu fürchten.
▪ Alliteration (V. 6)	▪ _____
▪ Anrufe, Anapher, Metaphern, Parallelismus (V. 7/8)	▪ Das lyrische Ich empfindet _____ auf die geliebte Person und scheint sehr _____ zu sein.

Inhalt Strophe 3: _____ (= Willkommen)

Rhetorisches Mittel	Inhaltliche Wirkung
▪ Metaphern (V. 2/3)	▪ _____
▪ Metapher (V. 5/6)	▪ Verliebte Beschreibung der _____
▪ _____ (V. 7/8)	▪ _____

LITERARISCHE TEXTE ■ Übungen

Inhalt Strophe 4: Die Trennung des lyrischen Ichs von _____ am nächsten Morgen wird unter Aussparung der _____ dargestellt (= Abschied).

Rhetorisches Mittel	Inhaltliche Wirkung
■ _____ (V. 2)	■ _____
■ Antithese, Anapher, _____, Parallelismus (V. 3/4)	■ Es wird betont, welchen _____ auch die geliebte Person bei der Trennung empfindet.
■ Antithese (V. 5) u. _____ (V. 6)	■ Das lyrische Ich verlässt die geliebte _____, welche dabei _____.
■ _____, Anapher, Wiederholung des Wortes „Glück" (V. 7/8)	■ Trotz der schwierigen _____ und des Abschiednehmens empfindet das lyrische Ich die gegenseitige und erwiderte _____ als _____.

Schritt 4: Schluss verfassen

> **HINWEIS** Im Schlussteil der Interpretation fasst du noch einmal zusammen, wie du das Gedicht verstanden hast (Was will der Autor damit sagen?). Mit einer eigenen Stellungnahme, was dir persönlich gefallen hat und was nicht, kannst du deine Interpretation abschließen.

1 Verständnis des Gedichtes

1.1 Kreuze an, was der Verfasser deiner Meinung nach mit dem Gedicht aussagen will! ■
- a. Erwiderte Liebe ist nicht wichtig und nebensächlich.
- b. Trotz schwieriger Umstände ist es das größte Glück eines Menschen, wenn er liebt und geliebt wird.
- c. Die wahre Liebe gibt es nicht.
- d. Bei einer Beziehung muss immer nur eine Person Gefühle einbringen.
- e. Für die wahre Liebe nimmt man auch schwierige Umstände in Kauf.
- f. Keine Person ist es wert, auch einmal komplizierte Bedingungen zu meistern.

1.2 Formuliere zunächst die Hauptaussage/dein Verständnis des Gedichtes aus! Die nachfolgenden Formulierungshilfen erleichtern dir den Anfang. ■■

> **Formulierungshilfen**
>
> ■ *Ich meine, dass der Autor aussagen will, dass ...*
> ■ *Das Gedicht habe ich so verstanden, dass ...*
> ■ *In meinen Augen ist die Hauptaussage des Gedichtes, dass ...*
> ■ *Der vermutliche Sinn des Gedichtes schein mir der zu sein, dass ...*
> ■ *Goethe wollte mit „Willkommen und Abschied" bestimmt bewirken, dass der Leser/die Leserin ...*

_____

2 Eigene Stellungnahme

2.1 Notiere in der Tabelle Stichpunkte für deine Stellungnahme und sortiere sie nach Positivem und Negativem! Vergiss die inhaltlichen Begründungen nicht! ■■

+ (Gut gefallen hat mir …)	– (Nicht so gut gefallen hat mir …)

2.2 Verfasse nun deine Stellungnahme bzw. deine Bewertung. Die Formulierungshilfen erleichtern dir den Anfang. ■■■

Formulierungshilfen

- *Besonders gut gefallen hat mir an dem Gedicht(,) …*
- *Meines Erachtens gelingt es dem Autor gut, …*
- *Kritisch sehe ich an dem Gedicht …*
- *An dem Gedicht kann ich gar nicht nachvollziehen, …*
- *Besonders spricht mich bei dem Gedicht … an, da …*
- *Aufgrund der … schafft es der Autor, dass …*
- *Ich bin der Meinung, dass …*

LITERARISCHE TEXTE ■ Übungen

_____
_____
_____
_____
_____
_____

Gliederung und Aufsatz

HINWEIS Schreibe nun aus deinen Analyse-Ergebnissen einen zusammenhängenden Aufsatztext. Halte dich dabei an das nachstehende Gliederungsschema.

Gliederungsschema Gedicht-Interpretation

1. Einleitung:
   - Nennung von Autor, Titel, Erscheinungsjahr, Gattung, Thema und Eindruck nach dem ersten Lesen

2. Hauptteil:
   - Angaben zum formalen Aufbau
     a. Strophenanzahl
     b. Versanzahl pro Strophe
     c. Reimarten und Reimschema
     d. Kadenzen der Endreime
     e. Metrum
     f. Erzählperspektive
     g. Tempus
   - Stropheninhalte und inhaltliche Wirkung der rhetorischen Stilmittel
     a. Angabe des jeweiligen Stropheninhaltes
     b. Verknüpfung von Form und Inhalt pro Strophe (Wie wird was ausgesagt?)

3. Schluss:
   - Eigenes Verständnis der Hauptaussage des Gedichtes
   - Begründete Stellungnahme

TIPPS
1. Schreibe deinen Aufsatztext auf DIN-A4-Papier und lasse einen ausreichenden Rand an der rechten Seite und auch unten, damit du Überarbeitungen und Ergänzungen noch einfügen kannst!
2. Schreibe im Präsens!
3. Formuliere so, als würde der Leser/die Leserin das Gedicht nicht kennen, damit du alle Details bedenkst!
4. Verwende stets Zitate im Hauptteil, damit deine Analyse fundiert ist und du eigene Aussagen belegen kannst! Kennzeichne diese Zitate durch Anführungsstriche und/oder Zeilenangaben in Klammern, die aber auch die jeweilige Strophe mit angeben!
5. Verwende passende Satzverknüpfungswörter (Konjunktionen), damit dein Text zusammenhängend wirkt!
6. Halte sinnvolle Absätze ein!
7. Arbeite mit den passenden Fachbegriffen, denn so kannst du genau formulieren und dir umständliche Umschreibungen ersparen!

Schnell-Check Interpretation Gedicht

Inhalt		
In der Einleitung habe ich alle wichtigen Punkte (Autor, Titel, Entstehungsjahr, Gattung, Thema, erster Eindruck/Stimmung) erwähnt.		
Im Hauptteil habe ich alle Aspekte des formalen Aufbaus (Strophenanzahl, Versanzahl pro Strophe, Reimarten + Reimschema, unsaubere Reime, Kadenzen, Erzählperspektive, Tempus) bedacht.		
Ich habe alle Stropheninhalte benannt und mit Textstellen belegt.		
Die rhetorischen Mittel habe ich erkannt und mit ihrer inhaltlichen Wirkung verknüpft.		
Meine Hauptaussage steht im Schlussteil.		
Meine Stellungnahme und die Bewertung sind gut begründet.		
Ich habe einzelne Aspekte herausgearbeitet, die mir besonders wichtig erscheinen.		
Ausdruck		
Ich habe meinen Aufsatz im Präsens geschrieben.		
Ich habe Wortwiederholungen vermieden.		
Meine Formulierungen sind klar und deutlich.		
Ich habe vollständige Sätze geschrieben.		
Ich habe die passenden Fachbegriffe verwendet.		
Komplizierte und schwer zu verstehende Sätze habe ich vermieden.		
Die Zusammenhänge habe ich mit den richtigen Konjunktionen (Satzverknüpfungen) wiedergegeben.		
Grammatik, Rechtschreibung, Zeichensetzung		
Die Wörter, bei deren Schreibung ich nicht sicher bin, habe ich im Wörterbuch nachgeschlagen.		
Rechtschreibung, Zeichensetzung und Grammatik habe ich mehrmals überprüft. Dabei habe ich auf meine Fehlerschwerpunkte geachtet.		
Form		
Ich habe meine Interpretation in Einleitung, Hauptteil und Schluss eingeteilt.		
Ich konnte Durchstreichungen und spätere Einfügungen vermeiden, weil ich mich an meine Stichpunkte gehalten habe. Meine Schrift ist gut lesbar.		
Ich habe meinen Aufsatz mithilfe von Absätzen übersichtlich gegliedert.		

Kapitel III
Sachtexte: Analyse und Interpretation

Basiswissen

Sachtexte geben tatsächliche Ereignisse, Sachverhalte, Meinungen und Stellungnahmen zu einem bestimmten Thema wieder. In der Prüfung musst du entweder einen literarischen Text (↗ Kapitel II) oder einen Sachtext analysieren und interpretieren.

Textsorten:
Zu der Kategorie der **Sach- und Gebrauchtexte** gehören:

- **informierende Texte** wie Nachricht, Bericht, Interview und Reportage
- **kommentierende Texte** wie Kommentar, Leserbrief und Glosse
- **Diagramme**, **Schaubilder** und **Grafiken**

Argumentation:
Mithilfe von **Konjunktionen** kannst du deine Sätze sinnvoll miteinander verknüpfen.

Formulierungshilfen	
■ Ursache:	*denn, weil*
■ Absicht:	*damit, um ... zu, so*
■ Einschränkung:	*obwohl, trotzdem*
■ Bedingung:	*wenn, falls*
■ Folge:	*sodass, darum, folglich*
■ Gegensatz:	*aber, sondern, dennoch*

Gliederung:
Die Interpretation eines Sachtextes wird in Einleitung, Hauptteil, Schluss gegliedert. Im Hauptteil führst du erst die Argumente der Gegenposition auf und dann die Argumente der Position, der du dich anschließt. Gliedere die Argumente nach Wichtigkeit. Das wichtigste Argument steht am Schluss. Hier ein Beispiel für eine Gliederung:

- **A. Einleitung**
- **B. Hauptteil**
    - Position 1
        - Argument 1
        - Argument 2
        - Argument 3
    - Position 2
        - Argument 1
        - Argument 2
        - Argument 3
- **C. Schluss** (eigene Position)

Typische Arbeitsaufträge

Bei der **Analyse/Interpretation** eines **Sachtextes** in der Prüfung musst du:

- das Thema des Textes erfassen und die zentralen Inhalte wiedergeben.
- den Aufbau und die Struktur des Textes beschreiben.
- falls ein Argumentationsgang vorhanden ist, diesen erläutern.
- Vermutungen über das zentrale Anliegen, die Intention (Absicht) oder die Funktion des Textes entwickeln und beschreiben.
- sprachliche und stilistische Mittel herausarbeiten und ihre Wirkungsweise innerhalb des Textes deuten.
- verschiedene Informationen auswählen, wiedergeben, erklären und vergleichen.
- Textaussagen bewerten und beurteilen.
- die anfänglichen Vermutungen zu den abschließenden Analyse-Ergebnissen in Beziehung setzen.
- Informationen aus verschiedenen Medien (Zeitungsausschnitt, Sachtext, Diagramm, Schaubild etc.) zusammenfassend darstellen.

In diesem Kapitel trainierst du:

- ein **Diagramm** auszuwerten
- eine **Stellungnahme** zu verfassen
- eine **Karikatur** zu erörtern

1 Diagramme auswerten

Die Sachtexte in der Prüfung enthalten oft auch Bildmaterial. Besonders häufig sind Diagramme zu bearbeiten, da sie bestimmte Sachverhalte schnell vermitteln. Zahlenreihen, Größenverhältnisse und Strukturen sind mit einem Diagramm leichter erfassbar als in einer reinen Textaussage. Die Betrachtenden können auf diese Weise einfacher Vergleiche ziehen, Muster und Trends ablesen.

Gut zu wissen

Man unterscheidet folgende **Diagrammarten**:
- Kreis- oder **Tortendiagramm**
- Linien- oder **Kurvendiagramm**
- Säulen- oder **Balkendiagramm**

Formulierungshilfen für den Vergleich von Zahlenreihen und Wertangaben

- *an der Spitze …; Spitzenreiter …; am meisten …; am wenigsten …*
- *im Durchschnitt …; im Mittelfeld …; das Schlusslicht …; am Ende …*
- *mit großem / geringem / … Abstand …; Rangliste …*
- *gefolgt von …; nachfolgend …; abgeschlagen …; befinden …; liegen …*
- *zu erwähnen …; auffällig ist, dass …*
- *es gibt weniger als …; mehr als bei …; genauso oft …; seltener …; gleichbleibend …*
- *gravierend …; eklatant …; schwerwiegend …; bedeutend …; geringfügig …; unbedeutend …*
- *die Hälfte, ein Drittel, ein Viertel …*

Bei der **Beschreibung eines Diagramms** in der Prüfung musst du folgende Aspekte nennen:
- **Thema** des Diagramms
- **Quelle** des Diagramms
- **Art** des Diagramms
- Angabe der **Zahlenwerte**
- **Untersuchungsbereiche** (x-Achse, y-Achse)

Übungen ■ SACHTEXTE

Übung 1: Gerätebesitz

▶ Beschreibe und deute das Diagramm „Gerätebesitz Jugendlicher 2006"!

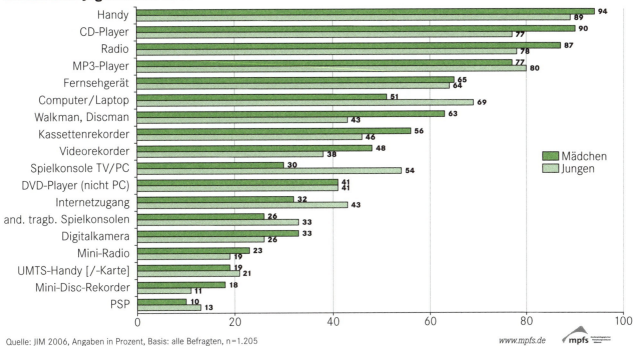

Quelle: JIM 2006, Angaben in Prozent, Basis: alle Befragten, n=1.205

Schritt 1: Sich orientieren

1 Überblick

Thema des Diagramms:
1.1 Lies die Überschriften und Erläuterungen! Um welches Thema geht es? Formuliere mit eigenen Worten! ■■

_____

_____

Quelle des Diagramms:
1.2 Wer hat das Diagramm erstellt bzw. veröffentlicht? ■ _____

Art des Diagramms:
1.3 Kreuze die richtige Lösung an! ■ Die Art des Diagramms ist ein ...

▪ Kreis- oder Tortendiagramm

▪ Liniendiagramm oder Kurvendiagramm

▪ Balken- oder Säulendiagramm

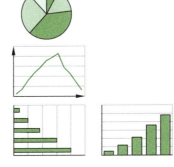

SACHTEXTE ■ Übungen

Zahlenwerte:

1.4 Kreuze die richtige Lösung an! ■

Die **Zahlenwerte** an den beiden Achsen (x-Achse; y-Achse) sind in ….
- ☐ absoluten Zahlen (z. B. in Hundert oder in Tausend) angegeben.
- ☐ in Prozent (%) angegeben.
- ☐ in Promille angegeben.

Achsen:

1.5 Welche **Bereiche** werden im Diagramm untersucht und können daher miteinander verglichen werden? ■■

Die y-Achse benennt die Art der Geräte; die x-Achse gibt _____

_____ an. Je ein Balken beschäftigt sich mit dem Gerätebesitz der _____ ,

der andere mit dem der _____ .

Vergleichen kann ich daher:

	richtig	falsch
den unterschiedlichen Gerätebesitz von Jungen und Mädchen		
die Veränderung des Gerätebesitzes innerhalb der letzten fünf Jahre		
die Beliebtheit der Geräte		
die tägliche Dauer der Nutzung der Geräte		

2 Einleitung

2.1 Fasse die Informationen, die du gerade erarbeitet hast, in einer Einleitung zusammen! Ergänze dazu die nachfolgenden Sätze. ■

Das _____ diagramm „Gerätebesitz Jugendlicher 2006" wurde von _____

im Jahre _____ veröffentlicht. In dem Diagramm werden die unterschiedlichen Arten der Geräte

(z. B. _____) mit der Häufigkeit des Besitzes der jeweiligen Geräte bei _____

und _____ in Beziehung gesetzt. Mithilfe von _____

Angaben bietet daher das Schaubild die Möglichkeit, _____ und

_____ zu vergleichen.

Schritt 2: Inhalte erfassen

1 Analyse

> **HINWEIS** Sieh dir das Schaubild genauer an! Schreibe die Informationen, die du dem Schaubild entnehmen kannst, in Stichpunkten auf! Orientiere dich dabei an den folgenden Fragen.

1.1 Wo liegen die Maximalwerte? ■

Mädchen: Handy (94 %); _____   Jungen: _____

1.2 Für welche Geräte werden die geringsten Werte erreicht?

Mädchen: _____   Jungen: _____

1.3 Welche Geräte befinden sich im Mittelfeld?

Mädchen: _____   Jungen: _____

1.4 Bei welchen Geräten gibt es die größten Unterschiede zwischen Mädchen und Jungen?

_____

_____

1.5 Wie groß sind die Unterschiede (Prozentangaben)?

_____

1.6 Welche Geräte werden fast von genauso vielen Jungen wie auch Mädchen besessen? Gib auch die jeweiligen Prozentangaben an!

_____

_____

2 Zusammenfassung

2.1 Fasse die oben zusammengetragenen Inhalte in einem Text zusammen!

> **Formulierungshilfen**
>
> - *an der Spitze ...; Spitzenreiter ...; am meisten ...; am wenigsten ...; im Durchschnitt ...; im Mittelfeld ...; das Schlusslicht ...; am Ende ...; mit großem/geringem/... Abstand ...; Rangliste ...*
> - *gefolgt von ...; nachfolgend ...; abgeschlagen ...; befinden ...; liegen ...; zu erwähnen ...; auffällig ist, dass ...*
> - *es gibt weniger als ...; mehr als bei ...; genauso oft ...; seltener ...; gleichbleibend ...*
> - *gravierend ...; eklatant ...; schwerwiegend ...; bedeutend ...; geringfügig ...; unbedeutend ...*
> - *die Hälfte, ein Drittel, ein Viertel ...*

Als Erstes möchte ich genauer auf den Gerätebesitz der Mädchen eingehen. Bei den Mädchen (siehe 1.1, 1.2, 1.3)

_____

_____

Jetzt wende ich mich dem Gerätebesitz der Jungen zu. Hier (siehe 1.1, 1.2, 1.3)

_____

_____

Vergleicht man jetzt allerdings den Gerätebesitz der Mädchen mit dem der Jungen, so gibt es bei dem Besitz von einigen Geräten gravierende Unterschiede aber auch einige Gemeinsamkeiten. (siehe 1.4, 1.5, 1.6)

_____

_____

SACHTEXTE ■ Übungen

Schritt 3: Aussagen bewerten

1 Begründung

1.1 Sieh dir das Diagramm unter besonderer Berücksichtigung der nachfolgenden Aussagen an! Bewerte diese! Nutze zur Begründung die Daten aus dem Diagramm. ■■■

Die Aussage: „Ein eigenes Handy und auch Musikabspielgeräte wie MP3-Player, Radio, CD-Player, Kassettenrekorder und Walkman sind bei Mädchen häufiger zu finden als bei Jungen." ist richtig / falsch, weil

_____

_____

Die Aussage: „Digitalkameras dagegen sind mehr eine Sache der Jungen." ist richtig / falsch, weil

_____

_____

Die Aussage: „Mehr Mädchen als Jungen haben einen Computer und einen Internetzugang im eigenen Zimmer." ist richtig / falsch, weil

_____

_____

Die Aussage: „Jungen sind deutlich besser mit Spielkonsolen und PSP ausgestattet." ist richtig / falsch, weil

_____

_____

Schritt 4: Beurteilen

> **HINWEIS** Im Schlussteil musst du eine persönliche Stellungnahme und Wertung des Diagramms vornehmen. Hier sollst du beispielsweise darlegen, welche Ergebnisse dir nachvollziehbar erscheinen und welche nicht. Dein subjektives Urteil sollte aber *begründet und inhaltlich am Diagramm belegt* sein. Natürlich kannst dich auch dazu äußern, welche Bedeutung das Diagramm für die Leserinnen und Leser hat.

1 Stellungnahme

1.1 Beurteile den dargestellten Sachverhalt, indem du Unstimmigkeiten und Ursachen benennst! ■■

- Unstimmigkeiten: Welche Ergebnisse haben dich irritiert,
    ... da du andere Erfahrungen gemacht hast?
    ... da es in deinem Freundeskreis ganz anders aussieht?

- Ursachen: Wie erklärst du dir
    ... die unterschiedlichen Ergebnisse bezogen auf die Geschlechter?
    ... die allgemeine Verteilung des Gerätebesitzes?

1.2 Den Einleitungssatz als Bestandteil der schriftlichen Auswertung eines Diagramms hast du bereits geschrieben. Verfasse nun mithilfe deiner Vorarbeiten Hauptteil und Schluss deiner Interpretation. Sieh dir hierfür noch einmal die Formulierungshilfen an und wiederhole die Satzverknüpfungswörter (Konjunktionen)! ■■

Schnell-Check Auswertung eines Diagramms

Inhalt

In der Einleitung habe ich das Thema des Diagramms, die Quelle, das Erscheinungsjahr, die Art des Diagramms, die Art der Zahlenangaben und die Vergleichswerte genannt.

Mein Hauptteil ist gut strukturiert. Ich habe zuerst die eine Vergleichsebene genauer beschrieben und danach die andere.

Ich habe zu jeder Vergleichsebene die Maximalwerte, die Mittelwerte und die Minimalwerte genannt.

Alle im Diagramm veranschaulichten Bereiche habe ich erwähnt.

Alle Aussagen über das Diagramm habe ich mit Zahlenangaben belegt.

Ich habe keine inhaltlichen Wiederholungen. Die Dopplungen habe ich alle rausgestrichen.

Mögliche Ursachen und Gründe habe ich erst zum Schluss aufgeführt.

Ausdruck

Ich habe Wortwiederholungen vermieden.

Meine Satzanfänge variieren.

Meine Sätze sind abwechslungsreich aufgebaut.

Bandwurmsätze habe ich gekürzt.

Grammatik, Rechtschreibung, Zeichensetzung

Die Fremdwörter und Wörter, bei deren Schreibung ich nicht sicher bin, habe ich im Wörterbuch nachgeschlagen.

Ich habe meinen Aufsatz „rückwärts" gelesen und auf diese Weise die Flüchtigkeitsfehler entdeckt.

Rechtschreibung, Zeichensetzung und Grammatik habe ich mehrmals überprüft. Dabei habe ich auf meine Fehlerschwerpunkte geachtet.

Form

Ich habe meinen Aufsatz in Einleitung, Hauptteil und Schluss unterteilt.

Meine Schrift ist gut lesbar.

Ich habe meinen Aufsatz mithilfe von Absätzen übersichtlich gegliedert.

2 Stellungnahme

Ein Sachtext vermittelt nicht nur detaillierte Informationen, sondern liefert auch Argumente zu einer bestimmten Problematik. Bei diesen Argumenten kann es sich um die Meinung des Autors / der Autorin oder die anderer Personen handeln. In der Prüfungsaufgabe wird dann von dir verlangt, zu dieser Meinung Stellung zu beziehen.

Gut zu wissen

Aufbau eines Arguments:
Eine Argumentation besteht aus einer Behauptung (These) und deren Begründung (Argument). Wichtig ist hierbei, dass die Begründungen mit Beispielen belegt werden.
1. **These** (Behauptung)
2. **Argument** (Begründung der Behauptung)
3. **Beleg** (Beispiel / Folge / Wirkung etc.)

Zur **Strukturierung deiner Argumentationskette** legst du dir am besten eine Tabelle an:

These/Antithese	
Argument 1	Beleg (Beispiel, Folge, Wirkung)
Argument 2	Beleg (Beispiel, Folge, Wirkung)
Argument 3	Beleg (Beispiel, Folge, Wirkung)

Bei der **Stellungnahme** in der Prüfung musst du:
- die Ausgangssituation aus einer Vorlage zusammenfassen.
- Thesenfrage formulieren.
- Argumente sammeln und nennen.
- Argumente der Gewichtigkeit nach sortieren und sie zu einer Argumentationskette verknüpfen.
- Argumente belegen.
- einen eigenen Standpunkt festlegen.
- vorhandene und selbst gefundene Gegenargumente prüfen und gewichten.
- einen Argumentationsgang verfassen, bei dem der zugrundeliegende Schreibanlass mit dem entsprechenden Adressatenbezug berücksichtigt wird.
- kritisch Stellung zu einem Text nehmen.

Übung 2: Schulkleidung

▶ Lies den Text und nimm Stellung dazu!

Mode für das Wir-Gefühl – Schulkleidung kommt an

Immer mehr nordrhein-westfälische Schulen entscheiden sich für einheitliche Garderobe. Landesweit sind zwei Drittel der Eltern dafür.

Knallgrüne T-Shirts, leuchtend blaue Hosen, dazu für Jungs ein gelb-blau kariertes Hemd oder für Mädchen eine gleichermaßen gemusterte Bluse – so farbenfroh stellen sich Schüler einheitliche Schulkleidung vor. Jedenfalls die Schüler des Bildungsgangs Textil und Bekleidungstechnik der Elly-Heuss-Knapp-Schule in Düsseldorf. Sie und die angehenden Modemacher von drei weiteren Schulen, nämlich dem Krefelder Berufskolleg Vera Beckers, dem Berufskolleg Halle/Westfalen sowie der Modeschule Mönchengladbach, waren vom Schulministerium gebeten worden, doch mal Entwürfe für einen Einheitslook zu entwickeln. Vorgestellt wurden diese dann auf einer Modenschau im Düsseldorfer Museum Kunstpalast vor 500 Zuschauern.

„Wie auf dem Laufsteg", so erinnert sich Christine Bödefeld, stellvertretende Leiterin der Anne-Frank-Realschule in Düsseldorf, habe auch sie sich gefühlt. Damals, vor anderthalb Jahren, wurde einheitliche Kleidung an ihrer Schule eingeführt – und Christine Bödefeld zog mit einer Gruppe Schüler durch die Klassen, um die Modelle vorzuführen. Die Konrektorin trug dabei selbst den neuen Dress, schließlich ist der auch für Lehrer gedacht. Das Schulgesetz, 2006 in Kraft getreten, sieht vor, dass Schulen einheitliche Kleidung einführen können, wenn die Schulkonferenz mit den Stimmen aller Schülervertreter zustimmt. Und immer mehr Schulen im Land folgen der Anregung.

Die Einführung sei dann aber schwieriger gewesen als vorausgesehen, berichtet Bernd Hinke, Leiter der Anne-Frank-Realschule: „Der Aufwand war groß" – vom Finden eines Anbieters bis hin zu Anproben für 470 Schüler. Auch könne nicht erwartet werden, dass alle sofort mitziehen. Schließlich müssen die Eltern die Kleidung bezahlen, und nicht jeder kann gleich ein ganzes Sortiment kaufen, das für die ganze Schulwoche reicht. Trotzdem ist Hinke mit dem Ergebnis hochzufrieden. „Das Gemeinschaftsgefühl wird gestärkt", meint der Schulleiter. Und auch der Druck unter den Schülern, sich mit teurer Markenware zu zeigen, habe zumindest nachgelassen. Bei Eltern und Kindern kommt die Schulkleidung an: So viele Anmeldungen wie in diesem Jahr hatte die Schule seit Langem nicht mehr. *bibo*

Andrej Priboschek, in: Schulzeit. Das Magazin für Eltern in Nordrhein-Westfalen (Herbst 2008). Hrsg. v. Ministerium für Schule und Weiterbildung des Landes Nordrhein-Westfalen, S. 20–21, www.schulminsterium.nrw.de

Schritt 1: Thema erschließen

1 Thematik des Textes

1.1 Welche der Aussagen erfasst am besten, worum es in dem Sachtext geht? Kreuze an! ■■

- ☐ Der Text handelt von der Einführung der Schulkleidung in allen Schulen.
- ☐ Der Text handelt von den Vorteilen und Schwierigkeiten, die das Einführen von Schulkleidung mit sich bringt.
- ☐ Der Text beschreibt Erfahrungen, die Schulen gemacht haben, an denen bereits die Schulkleidung zum Schulalltag gehört.
- ☐ Der Text fordert die Schulen auf, sich mit dem Thema Schulkleidung auseinanderzusetzen.
- ☐ Der Text handelt von der Möglichkeit, Schulkleidung zu designen.

SACHTEXTE ■ Übungen

2 Struktur des Textes

2.1 Finde zu jedem Abschnitt den passenden Schlüsselbegriff, die passende Überschrift und halte stichpunktartig weitere wichtige Informationen fest! ■

1. Abschnitt   Überschrift: Entwürfe für einen Einheitslook

- *vier Berufsschulen designten*
- _____
- _____
- _____

2. Abschnitt   Überschrift: _____

- _____
- _____
- _____

3. Abschnitt   Überschrift: Erste Erfahrungen mit der Einführung von Schulkleidung

- _____
- _____
- _____
- _____

> **TIPP** Natürlich kannst du den Inhalt/die Struktur des Textes auch in einer Mindmap festhalten. Oft erscheint die Gliederung eines Textes in einer Mindmap viel übersichtlicher. Versuche es an dieser Stelle einmal und erfahre so, mit welcher Art der Zusammenfassung eines Textes du besser arbeiten kannst.

Entwürfe für den Einheitslook

vier Berufsschulen designten
_____
_____
_____

Erste Erfahrungen der Einführung
von Schulkleidung
_____
_____
_____
_____

Schulkleidung

1

2

3

2.2 Fasse die Informationen, die du gerade erarbeitet hast, in einer Einleitung zusammen. Ergänze dazu die nachfolgenden Sätze!

In dem Text _____ geschrieben von _____ erschienen in der Zeitschrift _____ wird die Thematik _____ behandelt. Dabei berichtet der Autor zu Beginn des Textes über die Aufgabe, die vier Berufsschulen gestellt wurde. Sie sollten _____ _____ . Im zweiten Abschnitt stellt er dar, welche Möglichkeiten, das neue Schulgesetz bietet. Dort wurde festgelegt, _____ _____ _____ Zum Schluss des Artikels _____ _____ _____ .

Schritt 2: Argumente sortieren und beurteilen

> **HINWEIS** Um zu einem Sachtext eine Stellungnahme schreiben zu können, musst du zunächst die im Text vorhandenen Argumente sammeln und dir selbst überlegen, welche Meinung du zu der dargestellten Problematik hast. Dementsprechend schreibst du eine zustimmende oder eine ablehnende Stellungnahme.

1 Argumente aus dem Text finden

1.1 Unterstreiche im Text alle Argumente, die für die Einführung einer einheitlichen Schulkleidung sprechen grün (Pro-Argumente) und alle Argumente die dagegen sprechen rot (Kontra-Argumente).

1.2 Fertige mit den unterstrichenen Argumenten eine Übersicht an (in dem Text sind 2 Pro-Argumente und 3 Kontra-Argumente vorhanden):

	Pro-Argumente (grün)	Kontra-Argumente (rot)
1		
2		
3		

Die Pro-Argumente werden im Text durch Fakten bestätigt:

These/Behauptung:	Schulkleidung ist sinnvoll … ↓
Argument/Begründung:	Das Gemeinschaftsgefühl wird gestärkt … ↓
Beleg/Beispiel/Folge/Wirkung:	Höhere Anmeldezahlen …

2 Eigene Meinung finden

2.1 Wähle aus!
- ☐ Ich bin für die einheitliche Schulkleidung
- ☐ Ich bin gegen die einheitliche Schulkleidung

3 Argumentieren und begründen

3.1 Finde nun Argumente der Gegenseite und widerlege sie in Stichpunkten!

pro	kontra
Bist du **für** einheitliche Schulkleidung, so musst du die genannten Argumente, die gegen Schulkleidung sprechen, widerlegen, also begründen, warum das Argument nicht stimmt. Zudem solltest du dir zusätzliche Argumente, die für deine These sprechen, überlegen. Versuche, diese zu belegen, dabei können dir deine eigenen Erfahrungen aus der Schule helfen.	Bist du **gegen** einheitliche Schulkleidung, so musst du die genannten Argumente, die für Schulkleidung sprechen, widerlegen, also begründen, warum das Argument nicht stimmt. Zudem solltest du dir zusätzliche Argumente, die für deine These sprechen, überlegen. Versuche, diese zu belegen, dabei können dir deine eigenen Erfahrungen aus der Schule helfen.

Gegenposition	Widerlegung in Stichpunkten
Argument 1	
Argument 2	
Argument 3	

3.2 Belege dann die Argumente aus dem Text, die deiner eigenen Position entsprechen!

Argument	Beleg (Beispiel, eigene Erfahrungen, Zitate, Statistiken, …)

3.3 Überlege dir noch weitere neue Argumente!

Schritt 3: Schluss schreiben

> **HINWEIS** Aufgabe des Schlussteils ist es, die vorausgehende Auseinandersetzung zum dargestellten Thema zu einem Endresultat zusammenzufassen. Dazu gibst du abschließend noch einmal deine Meinung ab und belegst sie an dem für dich ausschlaggebenden Argument. Du kannst Folgen und Konsequenzen aufzeigen und/oder einen Appell an den Leser bzw. die Leserin richten.

1 Schluss

1.1 Formuliere nachfolgend einen knappen Schluss. Vervollständige hierfür den Lückentext! ■■

Aufgrund der ausführlich dargestellten Pro- und Kontraargumente fühle ich mich in meiner Meinung bestätigt, dass Schulkleidung für mich _____ . Gerade das Argument, dass _____

_____ war für mich ausschlaggebend, da dieses zur Folge hat, dass _____

_____ . An dieser Stelle kann ich nur an alle Schüler, Eltern und Lehrer appellieren, _____

_____ .

Schritt 4: Ausführlich Stellung beziehen

> **HINWEIS** Bei einer Stellungnahme vertrittst du von vornherein eine bestimmte Position und nimmst also eine „Stellung" ein. Dies gelingt dir, indem du die Argumente der Gegenseite widerlegst, Meinungen/Argumente bei Zustimmung wiederholst und so verdeutlichst, wie wichtig das jeweilige Argument aus dem Textmaterial ist. Zusätzlich führst du auch noch eigene Argumente an.

1 Argumente der Gegenseite widerlegen

1.1 Mithilfe deiner Vorarbeit in Schritt 2 formuliere zuerst die Argumente der Gegenseite aus. Nutze dabei die folgenden Formulierungshilfen. ■■■

Formulierungshilfen	
■ starken Zweifel oder Unwahrscheinlichkeit betonen: *Es ist unwahrscheinlich, dass ...* *Es ist zweifelhaft, ob ...* *Ich bezweifle ...* *Ich glaube kaum, dass ...*	■ Unmöglichkeit betonen: *Es kann nicht sein, dass ...* *Es ist völlig unmöglich .../ausgeschlossen, dass ...* Adverbien: *keinesfalls / bestimmt nicht / sicher(lich) nicht / unmöglich*

SACHTEXTE ■ Übungen

_____
_____
_____
_____
_____
_____

2 Eigene Argumente ausformulieren

2.1 Bestätige nun die Argumente, die deine Meinung darstellen und bereits im Text stehen. Füge anschließend noch deine weiteren eigenen Argumente mit Belegen an. ■■■

Formulierungshilfen	
■ eigene Meinung äußern: *Meines Erachtens ...* *Ich bin der Meinung, dass ...* *Ich stehe auf dem Standpunkt, dass ...* *Ich meine / denke / bin davon überzeugt, dass ...* *Ich habe den Eindruck ... / das Gefühl, dass ...* *Mir scheint, dass ...*	■ hohe Wahrscheinlichkeit betonen: *Soviel ich weiß, ... / Meines Wissens ...* *Es scheint, dass ...* *Es sieht so aus, als ob ...* *Ich bin ziemlich sicher, dass ...* *Adverbien: ... offensichtlich / höchstwahrscheinlich / anscheinend ...*
■ überzeugt sein: *Es steht fest ... / ist eine Tatsache, dass ...* *Ich weiß ... / bin davon überzeugt, dass ...* *Adverbien: ... ist sicherlich / tatsächlich / bestimmt / zweifellos / ohne Zweifel ...*	■ zustimmen: *Ich bin auch der Meinung, dass ...* *Ich kann bestätigen, dass ...* *Ich kann zustimmen, dass ...*

_____
_____
_____
_____
_____
_____
_____
_____
_____
_____
_____

INFO Da du in Schritt 1 bereits die Einleitung erstellt hast und in Schritt 3 den Schluss deiner Stellungnahme, stehen jetzt alle Elemente einer vollständigen Stellungnahme zu einem Sachtext in diesem Arbeitsheft!

Schnell-Check Stellungnahme

	☹	☺
Inhalt		
In der Einleitung habe ich das Thema des Sachtextes, den Autor/die Autorin, die Quelle, das Erscheinungsjahr genannt.		
Mein Hauptteil ist gut strukturiert. Ich habe zuerst den Inhalt des Textes genauer beschrieben und bin dann erst auf die Argumente des Autors/der Autorin eingegangen.		
Meine eigene Meinung ist klar erkennbar.		
Ich habe zuerst die Argumente aus dem Text aufgeführt, denen ich nicht zustimme und habe sie auch entkräftet.		
Meine eigene Meinung habe ich mit Argumenten aus dem Text belegt. Zusätzlich habe ich noch weitere, neue Argumente angeführt.		
Mein wichtigstes Argument steht am Schluss.		
Ich habe auch mögliche Konsequenzen aufgezeigt / an die Leserinnen und Leser appelliert.		
Ich habe keine inhaltlichen Wiederholungen. Die Dopplungen habe ich alle rausgestrichen.		
Ausdruck		
Ich habe Wortwiederholungen vermieden.		
Meine Satzanfänge variieren.		
Meine Sätze sind abwechslungsreich aufgebaut.		
Bandwurmsätze habe ich gekürzt.		
Grammatik, Rechtschreibung, Zeichensetzung		
Die Fremdwörter und Wörter, bei deren Schreibung ich nicht sicher bin, habe ich im Wörterbuch nachgeschlagen.		
Ich habe meinen Aufsatz „rückwärts" gelesen und auf diese Weise die Flüchtigkeitsfehler entdeckt.		
Rechtschreibung, Zeichensetzung und Grammatik habe ich mehrmals überprüft. Dabei habe ich auf meine Fehlerschwerpunkte geachtet.		
Form		
Ich habe meine Stellungnahme in Einleitung, Hauptteil und Schluss unterteilt.		
Meine Schrift ist gut lesbar.		
Ich habe meinen Aufsatz mithilfe von Absätzen übersichtlich gegliedert.		

3 Erörterung einer Karikatur

In der Prüfung werden oftmals auch Karikaturen zur Interpretation vorgelegt. Hierbei geht es nicht nur darum, dass Bild möglichst genau zu beschreiben, sondern den Zusammenhang zwischen einzelnen Bildelementen oder Bild- und Textelementen zu finden. Bei einer Karikatur werden mithilfe der Stilmittel Über- bzw. Untertreibung menschliche Schwächen oder gesellschaftliche Missstände kritisiert, indem sie lächerlich gemacht werden. Bei einer Erörterung musst du deine eigene Meinung deutlich zum Ausdruck bringen.

Gut zu wissen

Gliederung:
Es gibt verschiedene Arten von Erörterungen. Sieh dir also in der Prüfung die Aufgabenstellung genau an und erstelle deine Gliederung so, wie die konkrete Aufgabenstellung es verlangt.
Es gibt Erörterungen, bei denen du zunächst Argumente (z. B. Vor- und Nachteile) sorgfältig abwägen und erst dann eine eigene Position beziehen musst.
In anderen Fällen sollst du die Leserinnen und Leser deiner Erörterung von deiner Meinung überzeugen. Hierfür arbeitest du also im Hauptteil deine Argumente sorgfältig heraus und entkräftest abschließend die Gegenposition.

Alle diese Erörterungsformen werden in Einleitung, Hauptteil, Schluss gegliedert. Im Schlussteil kommst du zu einem Ergebnis und stellst klar deine eigene Meinung heraus. Neue Argumente bringst du hier jedoch keine mehr an. Nachfolgend Beispiele für mögliche Gliederungen:

A. Einleitung	**I. Einleitung**
B. Hauptteil	**II. Hauptteil**
Position 1	Eigene Position (Position 1)
Argument 1	Argument 1
Argument 2	Argument 2
Argument 3	Argument 3
Position 2	Entkräftung eines Gegenargumentes (Position 2)
Argument 1	**III. Schluss** (eigene Meinung)
Argument 2	
Argument 3	
C. Schluss (eigene Meinung)	

Bei einer **Erörterung** in der Prüfung musst du:
- die Ausgangssituation aus einer Vorlage zusammenfassen.
- eine Thesenfrage formulieren.
- Argumente sammeln und nennen.
- Argumente der Gewichtigkeit nach sortieren und sie zu einer Argumentationskette verknüpfen.
- Argumente belegen.
- eine eigene Position beziehen.
- vorhandene und selbst gefundene Gegenargumente prüfen und gewichten.
- einen Argumentationsgang verfassen.
- kritisch Stellung nehmen (↗ Stellungnahme).
- andere von deiner Meinung überzeugen.

Übung 3: Ist ein reguläres MP3-Verbot in der Schule sinnvoll?

▶ Erörtere den in der Karikatur dargestellten Sachverhalt!

Unterhaltung auf Deutschlands Schulhöfen

Schritt 1: Sachverhalt erschließen, Karikatur beschreiben und deuten

1   Überblick

> **HINWEIS** Betrachte die Karikatur genauer und mache dir zu folgenden Fragen kurze Notizen.

1.1 Welche Situation wird in dem Bild dargestellt? Gib das dargestellte Geschehen der Karikatur so wieder, dass auch jemand, der diese nicht kennt, sich das Dargestellte aufgrund deiner Notizen vorstellen kann. ▪▪

_____

_____

_____

SACHTEXTE ■ Übungen

1.2 Was wird in der Karikatur übertrieben oder untertrieben? Was ist auffällig dargestellt? ■■

_____
_____
_____

1.3 In welchem Zusammenhang steht der Text mit dem Bild? Gibt es Gemeinsamkeiten oder Unterschiede? ■■

_____
_____
_____
_____

1.4 Was möchte der Zeichner/die Zeichnerin kritisieren? Welchen Missstand möchte er/sie aufzeigen? ■■

_____
_____
_____
_____

2 Einleitung

2.1 Fasse die Informationen, die du gerade erarbeitet hast, in einer Einleitung zusammen! Ergänze dazu die nachfolgenden Sätze. Diese Einleitung ist gleichzeitig auch der Aufhänger für deine Erörterung. ■■

_Mit der Karikatur möchte der Zeichner/die Zeichnerin deutlich das Verhalten der Schüler während der Pausen kritisieren. An dem Verhalten der Schüler wird _____ beanstandet. Dieser Missstand wird deutlich, in dem Nachfolgendes übertrieben dargestellt wird: _____ _____ . Passend dazu gestaltet sich auch die Bildunterschrift. Sie besagt, dass _____ _____ ._

> **INFO** Aufgabe der Einleitung ist es, zur Fragestellung hinzuführen. Dieses erfolgt hier in Schritt 1 mithilfe der Beschreibung der Karikatur. Alternativ hättest du von einem persönlichen Erlebnis berichten können, einem Zitat oder einer Redensart, dich auf einen Text beziehen oder einen aktuellen bzw. historischen Bezug herstellen können.

Schritt 2: Argumente sortieren und beurteilen

1 Überleitung

> **HINWEIS** Mit der Überleitung sollen die Einleitung und der Hauptteil miteinander verbunden werden. In der Einleitung hast du die Karikatur beschrieben und gedeutet. Im Hauptteil sollst du dich nun mit dem in der Karikatur beschriebenen Sachverhalt auseinandersetzen, dazu Pro- und Kontra-Argumente sammeln und deine eigene Meinung darstellen. Formuliere in der Überleitung ganz präzise die Thesenfrage, die sich dir aufgrund der Karikatur stellt.

1.1 Wähle eine passende Überleitung aus!

- Aufgrund der gerade beschriebenen Karikatur stelle ich mir nun die Frage, ob es sinnvoll ist, in den Pausen Musik zu hören oder ist es besser, grundsätzlich die MP3-Player während der Pause zu verbieten?
- Ist es wirklich auf unseren Schulhöfen so, wie in der Karikatur dargestellt? Findet keine Unterhaltung mehr statt, wenn jeder Schüler die Möglichkeit hat, Musik zu hören? Wie sinnvoll ist das Verbot von MP3-Playern in der Schule?
- Ist die Kommunikation mit den Mitschülern in den Pausen denn so wichtig, kann man es den Schülern denn nicht selbst überlassen zu entscheiden, ob sie nun lieber in den Pausen Musik hören oder mit den Mitschülern reden wollen?

2 Vorgegebene Argumente beurteilen und durch eigene Argumente ergänzen

2.1 Unterstreiche in der nachfolgenden Liste die Pro-Argumente (grün) und die Kontra-Argumente (rot)! Beachte dabei ganz genau die der Erörterung zugrundeliegende Thesenfrage: **Ist ein reguläres MP3-Verbot in der Schule sinnvoll?** Nicht alle Argumente eignen sich, um diese Thesenfrage zu stützen.

- Mit Musik kann man sich in den Pausen besser erholen (chillen).
- Man kann Musik austauschen.
- Gerade in den Pausen soll man sich bewegen und nicht nur auf dem Schulhof stehen und Musik hören.
- Es gibt in den Pausen weniger Streitigkeiten, da ja jeder Musik hört.
- Die Schüler, die keinen MP3-Player haben, werden ausgeschlossen.
- Es findet keine Kommunikation mehr zwischen den Schülern statt.
- Ich kann mich in den Pausen besser auf die nächste Stunde vorbereiten, wenn ich Musik höre.
- Die Gefahr, dass die MP3-Player geklaut werden, ist durch das Mitbringen der Geräte vermehrt gegeben.
- Gemeinsame Ball- und Klassenspiele, welche die Klassengemeinschaft stärken, finden nicht mehr statt.
- Die permanente Benutzung des MP3-Players kann Hörschäden verursachen.

2.2 Ergänze noch eigene Pro- oder Kontra-Argumente:

- _____
- _____
- _____
- _____

2.3 Finde deine eigene Position: **Ist ein reguläres MP3-Verbot in der Schule sinnvoll?**
- Ja!
- Nein!

2.4 Suche aus der Liste der Argumente die drei aus, die deine Position am gewichtigsten stützen! Belege deine jeweiligen Argumente mit eigenen Erfahrungen, Zitaten etc.

	Argument	Beleg
1		
2		
3		

2.5 Suche dir nun die stärksten Argumente der Gegenseite und versuche, diese zu entkräften! ▪▪▪

	Argumente der Gegenseite	Gegen dieses Argument spricht: / Dieses Argument ist nicht entscheidend, weil:
1		
2		
3		

Schritt 3: Schluss schreiben

1 Schluss

1.1 Nachdem du alle Argumente ausführlich dargelegt und abgewogen hast, musst du zum Schluss ein Ergebnis (deine eigene Position) formulieren. Daran anschließen kann sich auch ein Appell an die Leserinnen und Leser deines Aufsatzes. Du könntest auch Alternativen aufzeigen. ▪▪

Gerade durch das zuletzt genannte Argument komme ich zu dem Ergebnis, dass der Gebrauch von MP3-Playern in

_____ .

Vielmehr sollten sich Schüler in den Pausen / Vielmehr sollte den Lehrern und Eltern die Chance verdeutlicht werden, die _____

_____ .

> **INFO** Du möchtest mit deiner Erörterung jemanden von deiner Position überzeugen. So könnte es zum Beispiel sein, dass du deine Position bezüglich der MP3-Benutzung in der Schule vor der Schulkonferenz im Namen aller Schüler deiner Schule vertreten sollst. Sollte dies ausdrücklich in der Prüfungsaufgabe gefordert sein, musst du darauf achten, dass du die Personen, die du von deiner Meinung überzeugen willst, persönlich und direkt ansprichst. So würdest du deinen Lehrern gegenüber ganz anders argumentieren als deinen Mitschülern gegenüber (↗ Kapitel IV).

Schritt 4: Hauptteil ausformulieren

1 Die Teile der Erörterung

1.1 Einen Teil deiner Erörterung hast du bereits fertig. Kreuze an, welche Teile schon vorhanden sind. ▪
- ☐ In Schritt 1 hast du bereits eine Einleitung erstellt.
- ☐ Die Überleitung zu deinem Hauptteil ist ebenfalls bereits vorhanden.
- ☐ Du musst jetzt nur noch mithilfe der Stichpunkte aus Schritt 2 einen zusammenhängenden Text erstellen.
- ☐ Anschließend folgt nur noch der in Schritt 3 bereits formulierte Schluss.

2 Hauptteil

2.1 Formuliere aus den Stichpunkten in Schritt 2 einen Hauptteil! ▪▪▪

> **TIPP** Beginne mit den Argumenten der Gegenseite, die du entkräftest, füge dann die für dich gewichtigsten Argumente an, die deine Position begründen. Hier gilt, dass das wichtigste Argument als letztes genannt wird, sodass es der Leser bzw. die Leserin am besten im Gedächtnis behält.

Schnell-Check Erörterung

	☹	☺
Inhalt		
In der Einleitung habe ich aufgezeigt, welcher Umstand mit der Karikatur kritisiert werden soll.		
Mein Hauptteil ist gut strukturiert. Ich habe zuerst die Karikatur genauer beschrieben und bin dann erst auf die Darstellungsabsichten (Argumente) eingegangen.		
Meine eigene Meinung ist klar erkennbar.		
Ich habe die Argumente aufgeführt, denen ich nicht zustimme und habe sie auch entkräftet.		
Ich habe meine eigene Meinung begründet und mit Beispielen/Belegen versehen.		
Ich habe auch mögliche Konsequenzen aufgezeigt/an die Leserinnen und Leser appelliert.		
Ich habe keine inhaltlichen Wiederholungen. Die Dopplungen habe ich alle rausgestrichen.		
Ausdruck		
Meine Formulierungen sind klar und deutlich.		
Ich habe Wortwiederholungen vermieden.		
Meine Satzanfänge variieren.		
Meine Sätze sind abwechslungsreich aufgebaut.		
Bandwurmsätze habe ich gekürzt.		
Grammatik, Rechtschreibung, Zeichensetzung		
Die Fremdwörter und Wörter, bei deren Schreibung ich nicht sicher bin, habe ich im Wörterbuch nachgeschlagen.		
Ich habe meinen Aufsatz „rückwärts" gelesen und auf diese Weise die Flüchtigkeitsfehler entdeckt.		
Rechtschreibung, Zeichensetzung und Grammatik habe ich mehrmals überprüft. Dabei habe ich auf meine Fehlerschwerpunkte geachtet.		
Form		
Ich habe meine Erörterung in Einleitung, Hauptteil und Schluss unterteilt.		
Meine Schrift ist gut lesbar.		
Ich habe meinen Aufsatz mithilfe von Absätzen übersichtlich gegliedert.		

Kapitel IV
Kreative Textproduktion

Bei den Prüfungsaufgaben zur kreativen Textproduktion geht es darum, dass du zu vorgegebenen Themen oder Materialien deine Meinung schreibst, Texte fortsetzt, sie umschreibst oder dass du dich anderweitig kreativ mit ihnen auseinandersetzt. Dabei verfolgst du immer ein Drei-Schritt-Verfahren. Zuerst musst du dein Vorgehen planen, dann schreiben und deinen Text zuletzt kontrollieren und überarbeiten.

Aufgabentypen

Bei der kreativen Textproduktion (produktiver Umgang mit Texten) in der Prüfung musst du:

1. **einen Text in eine andere Textsorte übertragen**
   - Sieh dir genau die Aufgabenstellung an. Was ist von dir gefordert? Du musst dir die Merkmale der Textsorte vor Augen führen, die du produzieren sollst.
   - Mache dir Stichpunkte zu diesen Merkmalen und versuche einen Schreibplan (Gliederung) anzulegen, der dir hilft, den Text zu strukturieren.
   - Berücksichtige bei der Übertragung alle wichtigen Informationen des Ausgangstextes.

   oder

2. **die Fortsetzung eines Textes schreiben**
   - Wichtig ist es hierbei, dass du es schaffst, den Stil des Textes beim Weiterschreiben fortzuführen und auch inhaltlich an die Vorlage anzuknüpfen. Beachte also die Perspektive aus der geschrieben wurde, die Wortwahl (sachlich, ironisch, emotional ...) und auch den Schreibstil (kurze Sätze und sachlich oder lange, verschachtelte Sätze und anschaulich beschreibender Stil?).
   - Du musst dich gedanklich in den Text hineinversetzen. Was erfordert die Aufgabenstellung von dir? Sollst du eine Lösung herbeiführen? Dann überlege dir, wie du vorgehen willst und mache dir Stichpunkte, damit du dein Schreibziel vor Augen behältst.

   oder

3. **einen inneren Monolog entwickeln**
   - Meist ist es so, dass du eine Kurzgeschichte, einen Romanauszug oder ein Gedicht als Quelle vorgelegt bekommst. Du musst dich also in die entsprechende Figur hineinversetzen, für die du den inneren Monolog schreiben sollst.
   - Lies die Quelle und schreibe wichtige Gedanken und Gefühle der Figur heraus. Mache dir die Situation bewusst, in der sich die Figur befindet, was könnte Inhalt ihres Monologs werden, über was macht sich die Figur Gedanken?
   - Mithilfe deiner Stichpunkte kannst du nun einen inneren Monolog der Figur in der Ich-Form schreiben.
   - Wichtig ist, dass du sehr anschaulich schreibst. Verwende viele beschreibende Adjektive, sprich über deine Gefühle und Gedanken aus der Sicht der Figur, stelle rhetorische Fragen (*Wie konnte das alles nur passieren?*).

Basiswissen ■ KREATIVE TEXTPRODUKTION 69

Typische Arbeitsaufträge

Bei den Aufgaben zur **kreativen Textproduktion** (produktiver Umgang mit Texten) in der Prüfung musst du:

- einen Leserbrief schreiben
- eine Rede verfassen
- einen Bericht schreiben
- eine Reportage schreiben
- einen persönlichen Brief / Geschäftsbrief schreiben
- eine Erörterung / Stellungnahme / Argumentation verfassen
- einen Zeitungsbericht schreiben
- einen Tagebuch-Eintrag schreiben
- einen inneren Monolog verfassen

In diesem Kapitel trainierst du:

- **Aufgabentypen** und **Aufsatzformen**
- eine Erörterung in Form eines **Leserbriefes** zu erstellen
- ein Gedicht inhaltlich zu erschließen und daraus einen **inneren Monolog** abzufassen
- einen **Tagebuch-Eintrag** zu einem Romanauszug zu schreiben

Basiswissen: Aufsatzformen

▶ Ordne den Aufsatzformen die passende Schreibanleitung zu!

Aufsatzformen:
Leserbrief – Rede – Bericht – Reportage – Persönlicher Brief / Geschäftsbrief – Erörterung / Stellungnahme / Argumentation – Zeitungsbericht – Tagebuch-Eintrag

a. _____
- Du musst hierbei deine Meinung zu einem Thema mithilfe von Argumenten begründet darstellen.
- Vorgegeben ist ein Problem (Thema), das eine Pro- und eine Kontra-These enthält.
- Zu diesen Thesen (Behauptungen) sammelst du dann Argumente (Begründungen), die die Richtigkeit oder auch Fehlerhaftigkeit der Thesen beweisen. Die Argumente stützt du mithilfe von Beispielen. Wichtig ist es nicht, möglichst viele Argumente zu finden – es kommt auf deren Qualität an! Finde also lieber wenige, dafür aber überzeugende Argumente, die du gewissenhaft und anschaulich ausarbeiten kannst!
- Deine Argumente verknüpfst du mithilfe abwechslungsreicher Konjunktionen.
- Du schreibst deinen Text im Präsens.

b. _____
- Du musst den Aufbau eines Briefes beachten (Absender/Empfänger, Betreffzeile, Ort/Datum, höfliche Anrede, Grußformel am Schluss).
- In der Einleitung beziehst du dich auf die Zeitungsnachricht, die dich zum Schreiben bewegte oder auf das Thema, das dich beschäftigt.
- Im Hauptteil musst du deinen Standpunkt klar vertreten und abwechslungsreich argumentieren (↗ Stellungnahme).
- Du schreibst einen solchen Brief in der Ich-Form und im Präsens.

c. _____
- Diese Aufsatzform ist eine ausführliche und anschauliche Form des Berichts.
- Als Reporter/Reporterin schilderst du ein Ereignis aus deiner persönlichen Sicht. Du kannst also deine Gefühle beschreiben und so deine Leserinnen und Leser mitten in das Geschehen hineinführen.
- Du musst in einer Reportage gleichzeitig über Dinge informieren und die Leserinnen und Leser unterhalten. Daher kannst du in deinem Schreibstil zwischen sachlicher Darstellungsweise und anschaulichem Erzählen wechseln.

d. _____
- Diese Aufsatzform wird verfasst über verschiedene Dinge, die geschehen sind, es gibt zum Beispiel Unfallberichte, Diebstahlberichte, Reiseberichte.
- In der Einleitung beantwortest du die W-Fragen (Wer ist beteiligt? Wo ist es geschehen? Wann ist es geschehen? Was ist geschehen?).
- Im Hauptteil berichtest du sachlich und in zeitlich richtiger Reihenfolge über das Geschehen. Wichtig ist es dabei auch, Details zu nennen.
- In den Schlussteil gehört die Nennung der Folgen des Geschehenen und auch ein möglicher Ausblick (Wie geht es nun weiter?).
- Du musst im Präteritum berichten und dabei sehr objektiv sein, das bedeutet, dass du keine persönlichen Gefühle mit einbringst.

e. _____
- Wenn du diese Aufsatzform entwickelst, musst du den Anlass, die Zuhörer und das Ziel deiner Rede berücksichtigen und den Stil deiner Rede anpassen. So sprichst du am Geburtstag des besten Freundes eher salopp und freundschaftlich und als Schülersprecher beim Jubiläum deiner Schule sachlich und dem Anlass entsprechend kultiviert.
- In der Einleitung begrüßt du die Zuhörer und nennst Anlass und Ziel deiner Rede.
- Im Hauptteil führst du deine Gedanken aus und argumentierst.
- Am Schluss deiner Rede ziehst du ein Resümee und bedankst dich bei deinen Zuhörerinnen und Zuhörern.
- Wichtig ist es, bei einer Rede bestimmte Stilmittel (Anaphern, Metaphern, Ausrufe, Aufforderungen) einzubauen, die das Publikum mitreißen.
- Du schreibst deine Rede in der Ich-Form, redest dein Publikum aber an (ihr/Sie) oder bildest die Wir-Form, um die Zuhörerinnen und Zuhörer einzubeziehen.

f. _____
- Jeder dieser Texte hat eine aussagekräftige Überschrift (Schlagzeile), die die Leserschaft neugierig macht, aber nicht zu viel verrät.
- Einen solchen Artikel musst du kurz und sachlich schreiben, ohne deine persönliche Meinung kundzutun.
- In der Einleitung, dem sogenannten Vorspann, sind die wichtigsten Informationen enthalten, der Leser/die Leserin könnte hier abbrechen. Wichtige W-Fragen (Wer ist beteiligt? Wo ist es geschehen? Wann ist es geschehen? Was ist geschehen?) hast du also hier bereits beantwortet.
- Im Hauptteil, dem sogenannten Nachrichtenkörper, folgen genauere Zusatzinformationen zum Geschehen. Dabei musst du die Informationen im sogenannten Lead-Stil verarbeiten, das bedeutet, du berichtest nach dem Prinzip der abnehmenden Wichtigkeit. Weniger wichtige Einzelheiten stehen am Ende.
- Du schreibst im Präteritum.

g. _____
- Nenne Ort und Datum und auch die Anrede „Liebes Tagebuch".
- Versetze dich in die Figur, aus deren Sicht du schreibst. Was bewegt sie? Wie fühlt sie sich?
- In der Einleitung erklärst du, worüber du schreiben möchtest.
- Im Hauptteil schreibst du anschaulich, das bedeutet, dass du viele beschreibende Adjektive nutzt und ausführlich über deine Gefühle und Gedanken berichtest. Am Schluss fasst du vielleicht zusammen wie es weitergehen soll oder triffst einen Entschluss.
- Du schreibst in der Ich-Form und meist im Präteritum, da du ja häufig über Vergangenes berichtest.

h. _____
- Wichtig ist es bei dieser Aufsatzform, die Formalien einzuhalten. Dazu gehört: Absender mit Adresse (oben links), Ort und Datum (oben rechts), Name und Anschrift desjenigen, der den Brief erhält (unter den Absender) und eine Betreffzeile für den Grund des Schreibens darunter. Beim persönlichen Brief genügen Ort und Datum.
- Denke an die höfliche Anrede und die Grußformel am Ende.
- In die Einleitung schreibst du, was der Anlass deines Schreibens ist.
- Im Hauptteil machst du deine Meinung deutlich und erörterst dein Anliegen oder deinen Standpunkt und am Schluss schließt du mit einem Resümee.
- Beim persönlichen Brief musst du gemäß der Aufgabenstellung fast immer aus der Sicht einer bestimmten Figur (aus einem vorgegebenen Text) schreiben. Dabei musst du die Informationen berücksichtigen, die dir der Text liefert, wie zum Beispiel Einzelheiten, die der Figur wichtig sein könnten.
- Du schreibst in der Ich-Form und im Präsens.

1 Erörterung in Form eines Leserbriefes

In einem Leserbrief kannst du als Leser/Leserin einer Zeitung deine eigene Meinung zu einem Ereignis oder zu einer Nachricht, die in der Zeitung abgedruckt wurde, äußern. Leserbriefe sind wichtig für die öffentliche Meinungsbildung und Diskussion. In der Prüfung wird oft verlangt, dass du einen Sachverhalt in Form eines Leserbriefes erörterst.

Gut zu wissen

Die **Merkmale eines Leserbriefs** sind:
- Zuschrift eines Lesers/einer Leserin an eine Zeitung
- der Verfasser/die Verfasserin äußert sich zu einem Sachverhalt, über den in der Zeitung berichtet wurde
- er enthält Lösungsvorschläge, weitere Anregungen, die eigene Meinung oder Hinweise
- formal weist er die Elemente eines Briefes auf (Adressat und Absender, Datum, Betreff, höfliche Anrede, Grußformel mit Unterschrift)

Indirekte Rede:
In Zeitungsartikeln werden oft Personen zitiert. Diese Äußerungen stehen in direkter Rede. In deinem Leserbrief gibst du diese Zitate indirekt wieder, das heißt, du musst die direkte Rede in indirekte Rede umwandeln. Dafür benötigst du die Konjunktiv-Formen. Vergegenwärtige dir hierfür noch einmal die Regeln für die indirekte Rede:

1. In der indirekten Rede werden die **Verben im Konjunktiv** verwendet. Das hat folgenden Effekt:
   Es wird klar, dass hier die Meinung einer anderen Person wiedergegeben wird. Man schafft so einen Abstand zwischen seiner eigenen Meinung und der Meinung dieser anderen Person. Die am häufigsten gebrauchte Verbform ist die 3. Person Singular. Vergleiche:

Direkte Rede im Indikativ	Indirekte Rede im Konjunktiv
Sie sagt: „Ich *bin* dabei."	Sie sagt, dass sie dabei *sei*.
Sie sagt: „Ich *war* dabei."	Sie sagt, dass sie dabei *gewesen sei*.
Er sagt: „Ich *habe* keine Zeit."	Er sagt, er *habe* keine Zeit.
Er sagte: „Ich *habe* Tee *gekocht*."	Er sagte, er *hätte* Tee gekocht.

2. Indirekte Reden beginnen oft mit einem ***dass*-Satz** oder mit **uneingeleiteten Nebensätzen**:
   Der Stadtplaner: „Nun ist fast die ganze Fläche bebaut."
   → Der Stadtplaner sagte, *dass* nun fast die gesamte Fläche bebaut sei.
   → Der Stadtplaner sagte, *die gesamte Fläche sei nun fast bebaut*.

3. In indirekten Reden verändert sich die Perspektive, das heißt, **Pronomen ändern** sich sinngemäß oder fallen weg. Es ist also wichtig, zu beachten, wer spricht und zu wem oder von wem gesprochen wird:
   „*Unser* Planungsbüro hat <u>sein</u> Bestes geben", sagte Neufeld.
   → Neufeld sagte, dass *sein* Planungsbüro <u>das</u> Beste gegeben habe.

4. Es gibt noch weitere **redeeinleitende Verben** für die indirekte Rede, also Verben, die man statt *er/sie sagte* verwenden kann. Das macht einen Text lebendiger:
   → meinen, erwähnen, mitteilen, versprechen, antworten, vermuten, betonen, hervorheben …
   → Der Stadtplaner hob hervor, dass nun fast die gesamte Fläche bebaut sei.

Übung 1: Seniorengerechtes Wohnen

Kathrin W. (36), Mutter von zwei Kindern (4 und 8), ist mit ihrem Mann vor einem Jahr in ihr neues Haus in der Neubausiedlung „Lippeblick" eingezogen. An einem Samstagmorgen, dem 22.08.09, liest sie in der Lokalzeitung Hammer Rundschau folgenden Artikel:

Seniorengerechtes Wohnen im Lippeblick?

HAMM. „Mit viel Grün" und als „ein Speckgürtel außerhalb der Innenstadt", so stellten sich die Stadtplaner das Neubaugebiet „Lippeblick" vor zwei Jahren vor. Nun ist fast die gesamte Fläche bebaut und es ist Zeit, ein Fazit zu ziehen. „Vor allem die Senioren, aber auch viele junge Familien haben die Chance genutzt, ein Einfamilienheim in ruhiger Wohnlage zu beziehen", so Stadtplaner Peter Neufeld. Das Seniorenzentrum „Lippeblick" sei sehr gefragt und alle Plätze in der Anlage seien belegt, die Wartelisten lang. Die Wohnumgebung sei nun der nächste Schritt, der angegangen werden müsse. „Es geht nun darum, den Wünschen der Menschen zu entsprechen und die Nutzung der Frei- und Grünflächen festzulegen". Im Interview mit unserer Zeitung sagte Neufeld, es gehe ihm und dem Stadtplanungsbüro der Stadt Hamm vor allem darum, eine Anpassung der Neubausiedlung und des Ortskerns der Stadt Hamm an seniorengerechtes Wohnen zu vollziehen. „Wir müssen uns an den deutlichen demographischen Wandel in der Altersstruktur anpassen", so Neufeld weiter. Laut Berechnung des Statistischen Bundesamtes werde bis 2050 jeder Dritte in Deutschland älter als 60 und mindestens jeder Zehnte über 80 Jahre alt sein.

Besonders stark träfe die demographische Entwicklung große Teile Ostdeutschlands und eben auch das Ruhrgebiet in Westdeutschland. So sei die demographische Entwicklung nicht nur eine Herausforderung für die Gesellschaft, sondern auch für die Wirtschaft und die Stadtentwicklung, sich den sich ändernden Bedürfnissen anzupassen. Konkrete Pläne wollte er noch nicht nennen, aber eine parkähnliche Gartenlandschaft mit Teichen am Seniorenzentrum Lippeblick im Neubaugebiet, zwei Parkplätze für Senioren mit extra großen Parklücken nahe der Stadt und des Einkaufszentrums, viele Sitzmöglichkeiten in und nahe der Stadt, sogenannte „Kommunikationsinseln", die Zentralisierung von Einrichtungen und Behörden rund um den Marktplatz und die Schaffung von mehr Sport- und Beschäftigungsmöglichkeiten für die Senioren stelle er sich unter anderem vor. Pläne, so Neufeld, werden in der nächsten Ratssitzung besprochen und abgestimmt.

H. Müller

▶ Kathrin W. und ihre Familie verstehen zwar die Anliegen des Stadtplaners, fühlen sich in seinen Aussagen aber nicht in ihren Bedürfnissen und Wünschen als junge Familie wahrgenommen. Deshalb beschließt Kathrin W. einen Leserbrief an die Lokalzeitung zu schreiben, um auf ihre Sicht der Dinge aufmerksam zu machen. Schreibe diesen Leserbrief!
  a. Stelle dabei deine eigene Situation aus Sicht der Kathrin W. und ihrer Familie dar.
  b. Achte auf eine stichhaltige Argumentation und entwickle einen eigenen Standpunkt.
  c. Überlege dir auch, inwiefern Kompromisse geschlossen werden könnten, sodass beide Parteien (Familien und Senioren) zufrieden wären.

Schritt 1: Thema erschließen

1   Textsorte: Leserbrief

1.1 Was macht eigentlich einen Leserbrief aus? Kreuze die richtige Antwort an!
In einem Leserbrief …
- **a.** … wird ein außergewöhnliches Ereignis, z. B. ein Wohnungsbrand, dargestellt.
- **b.** … werden durch die Presse falsch dargestellte Sachverhalte richtiggestellt und am folgenden Tag veröffentlicht.
- **c.** … bezieht sich der Verfasser auf Presseberichte und bringt dazu seine eigene Meinung zum Ausdruck, indem er berichtigt, kritisiert oder auch ergänzt.
- **d.** … geht es um die Definition von Begrifflichkeiten, die man dann anschließend in einem Lexikonartikel veröffentlichen kann.

2   Thema: Wohnen im Lippeblick

2.1 Was meint Peter Neufeld damit, wenn er sagt: „Wir müssen uns an den deutlichen demographischen Wandel in der Altersstruktur anpassen"? Schlage dir unbekannte Begriffe im Wörterbuch nach!

2.2 Wie stellt sich Stadtplaner Peter Neufeld die Neubausiedlung „Lippeblick" vor? Mache dir Stichpunkte!

2.3 Wie stellt sich wohl Kathrin W. ihr Lebensumfeld vor? Mache dir Stichpunkte!

2.4 Unterstreiche die Aussagen des Artikels, die der Meinung von Kathrin W. nicht entsprechen könnten, rot!

2.5 Überlege dir, wie es möglich sein könnte, dass beide Parteien mit der Gestaltung der Siedlung einverstanden sind. Wie stellst du dir das Zusammenleben vor?

Übungen ■ KREATIVE TEXTPRODUKTION

Schritt 2: Stoffsammlung

1 These

1.1 Stelle deine Behauptung (These) zur Umgestaltung der Neubausiedlung aus der Sicht von Kathrin W. auf. ■■

Formulierungshilfen	
■ *Ich bin der Meinung, dass …*	■ *Ich vertrete den Standpunkt, dass …*
■ *Ich meine …*	■ *Meines Erachtens …*
■ *Ich finde …*	■ *Für mich ist wichtig, dass …*
■ *Ich stehe auf dem Standpunkt, dass …*	

Meine Behauptung/These:

_____

_____

2 Argumente

2.1 Argumente sind Begründungen, die die Behauptung (These) durch geeignete Fakten, Zitate oder Beispiele unterstützen. Finde weitere Argumente für deine These und untermauere sie mit Beispielen! ■■■

	Argument	Beispiel
	Der Stadtplaner sagt schließlich, es gehe darum, den Wünschen der Menschen zu entsprechen, wenn die Nutzung der Frei- und Grünflächen festgelegt werde. Deshalb muss man auch an die Wünsche der Familien und Kinder denken.	Die Kinder wünschen sich Platz zum Spielen, also Bolzplätze und Spielplätze. Denkt man an die Eltern, so …

Schritt 3: Stoff ordnen

1 Argumente sortieren

1.1 Nun musst du deine gesammelten Argumente nach ihrer Wichtigkeit sortieren. Trage hierfür in die erste Spalte der vorstehenden Tabelle Ziffern gemäß ihrer Überzeugungskraft ein (1= überzeugend; x = am überzeugendsten). ■■

2 Argumente verknüpfen

2.1 Es gibt verschiedene Möglichkeiten, Argumente sprachlich geschickt zu verbinden. Ordne mit Pfeilen zu! ■

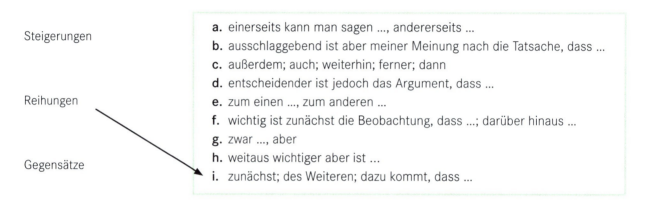

Steigerungen

Reihungen

Gegensätze

a. einerseits kann man sagen …, andererseits …
b. ausschlaggebend ist aber meiner Meinung nach die Tatsache, dass …
c. außerdem; auch; weiterhin; ferner; dann
d. entscheidender ist jedoch das Argument, dass …
e. zum einen …, zum anderen …
f. wichtig ist zunächst die Beobachtung, dass …; darüber hinaus …
g. zwar …, aber
h. weitaus wichtiger aber ist …
i. zunächst; des Weiteren; dazu kommt, dass …

3 Argumente ausformulieren

3.1 Verknüpfe deine Argumente aus Schritt 2 mithilfe oben stehender Formulierungen. Verbinde deine Gedanken mit geeigneten Konjunktionen wie z. B.: *denn, trotzdem, deshalb, obwohl, da, weil, sodass …* ■

Beispiel:
*Meines Erachtens ist es wichtig, bei der Gestaltung der Neubausiedlung nicht nur an die Senioren, sondern auch an die jungen Familien zu denken (**These**). Zwar ist es richtig, wie Neufeld sagt, dass die demographische Entwicklung es erfordere, die Stadtplanung seniorengerechter zu gestalten, aber man darf dabei die jungen Familien nicht aus dem Blick verlieren (**Argument**), da man sonst die Vergreisung des Stadtteils in Kauf nimmt, wenn die jungen Familien in attraktivere Wohnumfelder abwandern (**Beispiel**).*

> **TIPP** Beginne mit dem schwächsten Argument und steigere dich zum stärksten!

Schritt 4: Stoff gliedern

1 Schreibplan

1.1 Nachfolgend findest du einen Schreibplan für deinen Leserbrief, der dir zeigt, wie du beim Schreiben vorgehen kannst. Du gliederst deinen Text in Einleitung, Hauptteil und Schluss. ▪▪

Einleitung:
- Oben links stehen untereinander die Namen und Adressen des Absenders und des Empfängers (darunter).
- Ort/Datum stehen rechts, etwas unterhalb der Höhe des Empfängers („Hamm, den ...").
- Vor der Anrede befindet sich die Betreffzeile (der Grund für den Brief, z. B.: „Ihr Artikel „Seniorengerechtes Wohnen im Lippeblick" in der „Hammer Rundschau" vom 22.08.2009").
- Wähle eine höfliche Anrede (Ist kein Name bekannt, schreibt man: „Sehr geehrte Damen und Herren, ...").
- Nenne den Artikel auf den du dich beziehst (Titel und Verfasser des Artikels sowie Quelle und Erscheinungsdatum) und schildere kurz dessen Inhalt.
- Stelle deine eigene Situation als Verfasserin des Briefes dar und nenne den Grund deines Schreibens (kann auch eine provozierende Behauptung sein: „Sollen junge Familien etwa aus der Neubausiedlung „Lippeblick" vertrieben werden?").

Hauptteil:
- Verfasse eine Argumentation. Vergiss nicht, dich dabei deutlich auf den Artikel zu beziehen. Greife hierfür die Aussagen des Stadtplaners auf.
- Beziehe einen klaren eigenen Standpunkt! Deine Meinung muss deutlich erkennbar sein.

Schluss:
- Verfasse ein Resümee (eine Zusammenfassung deiner Meinung).
- In diesem Fall musst du auch Kompromissvorschläge äußern (↗ Schritt 1, Aufgabe 2.5).
- Abschließend kannst du noch einen Wunsch oder eine Aufforderung äußern.
- Vergiss die Grußformel (Mit freundlichen Grüßen ...) und deine Unterschrift nicht!

Formulierungshilfen für den Schlussteil

- *Zusammenfassend ist zu sagen, dass ... / möchte ich betonen, dass ...*
- *Damit wird deutlich, dass ...*
- *Nun lässt sich erkennen, dass ...*
- *Ich schlage daher vor, dass ...*
- *Man sollte also immer bedenken, dass ...*
- *Abschließend hoffe ich, dass ...*
- *Zu guter Letzt muss man anerkennen, dass ...*

KREATIVE TEXTPRODUKTION ■ Übungen

Schritt 5: Bezug nehmen

1 Konjunktiv in indirekter Rede

1.1 Wichtig ist, dass du im Hauptteil deines Leserbriefes auf die Aussagen des Stadtplaners Bezug nimmst. In Leserbriefen wird allerdings die direkte Rede nur selten zitiert. Übertrage die drei Aussagen Peter Neufelds, die im Artikel stehen, in die indirekte Rede. Benutze dabei die richtigen Konjunktiv-Formen! ■■

Neufeld: „Die Stadtentwicklung ist mir wichtig."	Neufeld betonte, dass ihm die Stadtentwicklung wichtig sei.
Neufeld: „Wir haben viel dazu gelernt."	Er fand, dass sie viel dazu gelernt hätten.
„Vor allem die Senioren, aber auch viele junge Familien haben die Chance genutzt, ein Einfamilienheim in ruhiger Wohnlage zu beziehen", so Neufeld.	
Neufeld: „Es geht nun darum, den Wünschen der Menschen zu entsprechen und die Nutzung der Frei- und Grünflächen festzulegen."	
„Wir müssen uns an den deutlichen demographischen Wandel in der Altersstruktur anpassen", so Neufeld weiter.	

2 Leserbrief verfassen

2.1 Mithilfe all deiner Vorarbeiten kannst du nun einen vollständigen Leserbrief verfassen. Halte dich an die Aufgabenstellung, schreibe im Präsens und orientiere dich am Schreibplan aus Schritt 4! Im Schlussteil brauchst du keine neuen Argumente mehr nennen. Denke aber daran, mögliche Kompromisse aufzuzeigen. ■■■

Schnell-Check Leserbrief

	☹	☺
Inhalt		
Ich habe die Aufgabenstellung mit meinem Text verglichen. Ich habe in meinem Leserbrief alle Aspekte berücksichtigt.		
Ich habe keine inhaltlichen Wiederholungen. Die Dopplungen habe ich alle rausgestrichen.		
Mein Standpunkt ist klar erkennbar. Ich habe meine Meinung mit guten Argumenten untermauert und mit Beispielen belegt.		
Mein stärkstes Argument steht am Ende.		
Die Struktur meines Textes habe ich überprüft. Die Einleitung führt zum Thema hin. Ich habe mich deutlich auf den Artikel bezogen. Zum Schluss habe ich noch einmal meine Meinung zusammengefasst.		
Ich habe Kompromissvorschläge aufgezeigt.		
Ausdruck		
Meine Wortwahl ist angemessen für den Leserbrief einer jungen Mutter.		
Ich habe im Präsens geschrieben.		
Meine Satzanfänge variieren.		
Mein Satzbau ist abwechslungsreich. Mithilfe der Proben (Ersatz-, Umstell-, Weglass- oder Erweiterungsprobe) habe ich meinen sprachlichen Ausdruck verbessert.		
Bandwurmsätze habe ich gekürzt.		
Ich habe korrekt zitiert. In der indirekten Wiedergabe der wörtlichen Rede habe ich den Konjunktiv benutzt.		
Grammatik, Rechtschreibung, Zeichensetzung		
Die Wörter, bei deren Schreibung ich nicht sicher bin, habe ich im Wörterbuch nachgeschlagen.		
Ich habe die Anredepronomen in der Höflichkeitsform großgeschrieben (Sie, Ihre, Ihnen).		
Ich habe meinen Leserbrief „rückwärts" gelesen und auf diese Weise die Flüchtigkeitsfehler entdeckt.		
Form		
Ich habe meinen Leserbrief in Einleitung, Hauptteil und Schluss unterteilt.		
Meine Schrift ist gut lesbar.		
Ich habe die formalen Kriterien eines Briefes beachtet. Höfliche Anrede, Datum und die Grußformel mit meinem Namen sind vorhanden.		

2 Übertragung eines Gedichtes in einen inneren Monolog

Bei den Prüfungsaufgaben zur kreativen Textproduktion kann es auch darum gehen, sich kreativ mit vorgelegten Texten auseinanderzusetzen. In der nachfolgenden Übung lernst du, wie du einen inneren Monolog zu einem modernen Gedicht erstellst, indem du dich in die Gefühlswelt des lyrischen Ichs hineinversetzt. Der innere Monolog wird in der Prüfung oft verlangt. Diese Aufsatzform solltest du dir daher besonders gut einprägen.

Gut zu wissen

Die **Merkmale eines inneren Monologs** sind:
- Gedankenrede bzw. Selbstgespräch
- persönlichste Form der Darstellung, offenbart das Innere eines Menschen
- enthält Gedanken und Gefühle einer Person
- in der Ich-Form (1. Person Singular) geschrieben
- im Präsens verfasst
- kein Gesprächspartner vorhanden
- enthält oft Fragen oder Ausrufe
- kurzer, reihender Satzbau
- gibt Ereignisse nicht unbedingt vollständig oder in der richtigen zeitlichen Abfolge wieder
- keine geordnete Schreibweise, enthält Gedankensprünge

Stilmittel für einen inneren Monolog:
- kurze Sätze (z. B. *„Ich fühle mich hilflos."*; *„Ich bin wütend."*)
- reihender Satzbau (z. B. viele Aufzählungen; *„erst ... dann ... danach ..."*)
- rhetorische Fragen (z. B. *„Wie konnte das nur geschehen ...?"*)
- Ausrufe (z. B. *„Oh, nein!"*; *„Nicht schon wieder!"*; *„Unglaublich!"*; *„Warum?"*)
- Satzzeichen (z. B. drei Auslassungspunkte für Gedankensprünge oder eine Pause im Gedankengang)
- Beschreibungen in der Ich-Form (*„Ich fühle mich ..."*; *„Ich denke ..."*)

Übung 2: Nie mehr (Ulla Hahn)

> Lies dir das Gedicht „Nie mehr" von Ulla Hahn gut durch. Schreibe dann aus der Sicht des lyrischen Ichs einen inneren Monolog, in dem es von den Gefühlen berichtet, die es quälen. Dabei musst du auch selbst kreativ werden und dir einen Grund dafür überlegen, warum sich das lyrische Ich so fühlt.

Nie mehr

Das hab ich nie mehr gewollt
um das Telefon streichen am Fenster stehn
keinen Schritt aus dem Haus gehn Gespenster sehn
Das hab ich nie mehr gewollt

Das hab ich nie mehr gewollt
Briefe die triefen schreiben zerreißen
mich linksseitig quälen bis zu den Nägeln
Das hab ich nie mehr gewollt

Das hab ich nie mehr gewollt
Soll dich der Teufel holen.
Herbringen. Schnell.
Mehr hab ich das nie gewollt.

Ulla Hahn: Unerhörte Nähe. Gedichte, © 1988 Deutsche Verlags-Anstalt, München, in der Verlagsgruppe Random House GmbH

Schritt 1: Aufgabe erschließen

> **HINWEIS** In einem inneren Monolog, auch Gedankenrede genannt, gibt eine Person ihre Gedanken und Gefühle in der Ich-Form wieder. Als Leser/Leserin schaut man dieser Person quasi beim Denken zu. Der innere Monolog ist die wohl persönlichste Form, die das Innere eines Menschen zeigt. Es gibt keinen Gesprächspartner mehr wie im Tagebuch oder beim Brief. Der innere Monolog ist ein Selbstgespräch, das jemand mit sich führt, wenn etwas Wichtiges geschehen ist.

1 Was erfordert die Aufgabenstellung?

1.1 Kreuze die richtige Antwort an.
Du sollst ...
- a. ... das Gedicht aus der Sicht des lyrischen Ichs fortführen.
- b. ... das Gedicht mithilfe eines inneren Monologs interpretieren.
- c. ... die Gefühlssituation des lyrischen Ichs mithilfe eines inneren Monologs darstellen.
- d. ... mithilfe des inneren Monologs eine Gedankenrede verfassen.

Schritt 2: Textgrundlage verstehen

> **HINWEIS** In diesem Gedicht gibt es einen Sprecher/eine Sprecherin („Das hab *ich* nie mehr gewollt"). Diesen/Diese bezeichnet man als das **lyrische Ich**. Du darfst das lyrische Ich aber nicht mit der Autorin Ulla Hahn gleichsetzen. Das Sprechen in der 1. Person Singular ist typisch für Gedichte. So können die Gefühle und Gedanken des lyrischen Ichs der Leserschaft unmittelbar mitgeteilt werden.
> Das lyrische Ich spricht zu einem **Adressaten**/einer Adressatin. Dieser/Diese kann eine konkrete Person, eine Gruppe von Menschen, es können aber auch alle Menschen sein. Manchmal wird auch deutlich, in welchem Verhältnis Sprecher und Adressat zueinander stehen und in welcher Situation sie sich befinden.

1 Geschlecht des lyrischen Ichs

1.1 Zur Auseinandersetzung mit Gedichten gehört auch, für sich selbst das Geschlecht des lyrischen Ichs festzulegen, um sich besser in die Person hineindenken zu können. Was meinst du, ist das lyrische Ich für dich eine Frau oder ein Mann? Welches Geschlecht hat der Adressat? Begründe mit Beispielen (z. B.: *„Für mich ist das lyrische Ich eine Frau, weil ... Besonders deutlich wird dies in Strophe 3, als ..."*)!

_____

_____

2 Gefühlswelt des lyrischen Ichs

2.1 Damit du dich in das lyrische Ich hineinversetzen kannst, um seine Gefühlswelt nachspüren zu können, musst du jede einzelne Strophe des Gedichtes untersuchen. Nimm dir nun einen Stift und lies das Gedicht „Nie mehr" nochmals. Notiere dabei am Rand:

- Welche Gedanken, Assoziationen und Fragen hast du zu dem Gedicht?
- Welche Stimmung vermittelt das Gedicht? Was empfindest du beim Lesen?
- Schreibe neben jede Strophe eine kurze Zusammenfassung!

Hier ein Beispiel:

2.2 Welche Bedeutung haben dabei die sprachlichen Besonderheiten im Gedicht?

- „um das Telefon streichen" (V. 2)

    Erinnert an eine Katze, die gestreichelt werden will, die um Zuwendung bettelt.

- „Gespenster sehn" (V. 3)

_____

- „Briefe, die triefen" (V. 6)

_____

- „mich linksseitig quälen bis zu den Nägeln" (V. 7)

- „soll dich der Teufel holen" (V. 10)

3 Personen

3.1 Was erfährst du über das lyrische Ich? Vervollständige den folgenden Satz! ■

Das lyrische Ich ist verliebt, bleibt zu Hause und wartet auf eine Nachricht der/des Geliebten. Es ist unglücklich und unzufrieden mit der Situation („nie mehr gewollt"), die es schon öfter erlebt hat. Die Zeit des Wartens verbringt es mit verschiedenen Aktivitäten (V. 2, 3, 6), es ...

3.2 Verändert sich das lyrische Ich? Macht es eine gedankliche Entwicklung durch? Beachte dabei den letzten Vers, der die Wiederholung bestimmter Verse zuvor aufbricht. Formuliere in ganzen Sätzen! ■■

4 Handlung

4.1 Wie erklärst du dir das Verhalten des lyrischen Ichs? Warum wünscht es sich auf einmal die Person doch wieder so sehnlichst herbei? Formuliere in ganzen Sätzen! ■■

4.2 Die Aufgabenstellung verlangt, dass du dich in die Gefühlswelt des lyrischen Ichs hineinversetzt und dir auch einen Grund für das Verhalten, also einen Hintergrund für die Situation, überlegst. Lege für dich fest: Warum wartet das lyrische Ich auf die geliebte Person? Warum wollte es diese Situation nie wieder erleben, was mag zwischen den beiden passiert sein? ■■

KREATIVE TEXTPRODUKTION ■ Übungen

Schritt 3: Stoffsammlung

> **HINWEIS** Der „Rahmen", also die Verse 1 und 4 jeder Strophe, spiegelt die äußere, aber auch die innere Situation des lyrischen Ichs wieder. Es bleibt im Haus und ist in den Gedanken an den Geliebten/die Geliebte gefangen. Nun musst du die Gedanken sammeln, die du in deinem inneren Monolog verwenden willst.

1 Gedanken und Gefühlsbeschreibungen des lyrischen Ichs

1.1 Finde möglichst viele Gedanken- und Gefühlsbeschreibungen, die die Situation treffen, in der sich das lyrische Ich befindet. ■■

- *Ich fühle mich hilflos, weil ich nicht weiß, wann du dich bei mir meldest.*
- *Meine Gedanken kreisen nur darum, wo du dich gerade befindest.*
- *Ich* _____ .
- _____
- _____
- _____
- *Auf der einen Seite wollte ich nie mehr, dass du* _____
  aber _____ .
- *Enttäuschung! Du ...*
  _____
  _____ .
- *Ich bin so wütend auf dich! ...*
  _____
  _____ .
- *Letztlich sehe ich die Situation aber ganz klar! Ich wünsche mir, dass* _____
  _____
  _____ .

Schritt 4: Stoff gliedern und abfassen

Folgende Vorbereitungen hast du schon erledigt:
- Du hast dir über das Verhältnis zwischen dem lyrischen Ich und dem/der Geliebten Gedanken gemacht.
- Du hast die Gedankengänge des lyrischen Ichs nachvollzogen.
- Du hast dir Hintergründe überlegt und aufgeschrieben, die in den inneren Monolog passen könnten.
- Du hast dir Gedanken und Gefühle überlegt.

1 Reihenfolge festlegen

1.1 Nun kommt es darauf an, all das, was du gesammelt hast, in eine Abfolge zu bringen. Notiere dir zuerst stichpunktartig, was du in deinem inneren Monolog verwenden möchtest. Anschließend nummerierst du die Stichpunkte in der Reihenfolge, wie es dir sinnvoll erscheint. Berücksichtige dabei folgende Leitfragen: ■■

- Womit setzt der innere Monolog ein?
- Welche Aspekte folgen dann?
- Mit welchem Gedanken endet er?

Stichpunkt:	Reihenfolge Nr.:

2 Inneren Monolog verfassen

2.1 Jetzt kannst du deinen inneren Monolog schreiben. Bedenke dabei die Merkmale für einen inneren Monolog und orientiere dich an den nachstehenden Schreibtipps. ■■■

> **TIPPS**
> - Formuliere deine Gedanken so, wie sie dir gerade einfallen.
> - Um sie direkt auf den Leser/die Leserin wirken zu lassen, verwendest du die 1. Person („Ich bin so unglücklich ..." – „Wie konnte das geschehen ...?").
> - Schreibe im Präsens. Es gibt keinen Erzähler, der vorangegangene Ereignisse wiedergibt. Das musst du selbst machen, indem du dich an diese Ereignisse erinnerst und sie so der Leserschaft mitteilst. Diese Gedanken müssen die vorherigen Erlebnisse nicht vollständig wiedergeben. Du musst dich auch nicht an die richtige zeitliche Abfolge halten. Das ist beim inneren Monolog nicht nötig.
> - Der Satzbau entspricht dem Nachdenken: kurz und reihend. Er darf auch stellenweise unvollständig sein. Füge hierfür „(...)" ein.
> - Verwende unterschiedliche Satzanfänge.
> - Verdeutliche deine Gefühle und Gedanken mithilfe entsprechender Satzzeichen (Ausrufe-/ Fragezeichen etc.).
> - Scheue dich nicht, auch Gedankensprünge einzuplanen – denn gerade dieses sprunghafte Hin- und Herüberlegen ist ein besonderes Merkmal des inneren Monologs. Dem lyrischen Ich gehen eine Reihe widersprüchlicher Gedanken und Gefühle durch den Kopf. Sie entwickeln sich aus dem Nachdenken und Fühlen und sind nicht gegliedert oder gar geordnet. Die Gedankenkette sollte allerdings für den Leser/die Leserin nachvollziehbar sein. Ein willkürliches Durcheinander würde dazuführen, dass die Leserschaft aufgrund der Sprünge nicht weiß, was geschehen ist und wie es hierzu kam.

Schnell-Check innerer Monolog

Inhalt

Ich habe die Aufgabenstellung mit meinem Text verglichen. Ich habe alle Aspekte berücksichtigt. Ich habe einen Grund genannt und ausgeführt, warum sich das lyrische Ich so fühlt.

Die Gefühlswelt des lyrischen Ichs habe ich umfassend dargestellt.

Ich habe keine inhaltlichen Wiederholungen. Die Dopplungen habe ich alle rausgestrichen.

Ausdruck

Ich habe durchgängig in der 1. Person Singular geschrieben.

Meine Satzanfänge variieren.

Ich habe im Präsens geschrieben.

Mein Satzbau entspricht der Gedankenrede. Er ist kurz und reihend.

Grammatik, Rechtschreibung, Zeichensetzung

Die Wörter, bei deren Schreibung ich nicht sicher bin, habe ich im Wörterbuch nachgeschlagen.

Ich habe die Gedanken und Gefühle des lyrischen Ichs mithilfe verschiedener Satzzeichen verdeutlicht.

Ich habe meinen inneren Monolog „rückwärts" gelesen und auf diese Weise die Flüchtigkeitsfehler entdeckt.

Rechtschreibung, Zeichensetzung und Grammatik habe ich mehrmals überprüft. Dabei habe ich auf meine Fehlerschwerpunkte geachtet.

Form

Meine Schrift ist gut lesbar.

Ich habe meinen Text in sinnvolle Abschnitte gegliedert und dadurch optisch ansprechender und lesbarer gemacht.

3 Tagebuch-Eintrag zu einem Romanauszug

Es kann sein, dass du in der Prüfung als Vorlage für die kreative Textproduktion einen Auszug aus einem Drama oder einem Roman vorgelegt bekommst. Auch eine Kurzgeschichte kann Anlass geben, dazu ein Gespräch, einen Brief oder eben auch einen Tagebuch-Eintrag zu formulieren. Wie in Übung 2 beim inneren Monolog ist es auch hier wichtig, sich in die Person hineinzuversetzen aus deren Sicht du schreiben musst. Dazu erhältst du neben dem Textauszug meist auch Zusatzinformationen zum Roman bzw. zum Drama.

Gut zu wissen

Die **Merkmale eines Tagebuch-Eintrags** sind:
- keine strenge Form oder Gliederung
- enthält die persönlichen Erinnerungen einer Person
- enthält intime Gedanken und Gefühle
- keine geordnete Schreibweise, enthält Gedankensprünge
- in der Ich-Form (1. Person Singular) geschrieben
- meist im Präteritum oder Perfekt verfasst, da über Vergangenes berichtet wird
- ist an niemanden gerichtet
- enthält auch Ausrufe und Fragen
- kann Anrede (Liebes Tagebuch) und abschließende Unterschrift enthalten

Texte lesen und strukturieren:
Bevor du die Aufgabenstellung löst, musst du den Text gelesen, verstanden und dir einen Überblick über den Inhalt verschafft haben. Folgende Methode hilft dir dabei:

1. **Überblick verschaffen:** Überfliege den Text und verschaffe dir einen Überblick. Jetzt gilt es, Unklarheiten zu erkennen und diese zu beseitigen. Gibt es Sätze, die du nicht verstehst? Gibt es Wörter, die du nicht kennst? Schlage im Wörterbuch nach!

2. **Überschriften/Schlüsselbegriffe finden:** Ein Text ist meist schon in Abschnitte unterteilt, die seine Struktur widerspiegeln. Betrachte jetzt jeden Abschnitt einzeln und finde heraus, was der zentrale Inhalt des jeweiligen Abschnitts ist. Dies gelingt dir am besten, indem du die Schlüsselbegriffe herausarbeitest oder ihm eine Überschrift gibst. Arbeite pro Abschnitt mit einer anderen Farbe.

3. **Weiterführende Informationen:** In jedem Abschnitt findest du weiterführende Informationen zu dieser Überschrift bzw. zu dem jeweiligen Schlüsselbegriff. Unterstreiche sie! Achte darauf, dass du nur einzelne Wörter und nicht ganze Sätze unterstreichst. Arbeite mit der Farbe, die du für den Abschnitt gewählt hast!

4. **Zusammenfassung des Textes:** Du hast nun den Text komplett bearbeitet und kannst seine Struktur und das Thema genau erkennen. Auch detaillierte Informationen hast du markiert. Wichtiges lässt sich von Unwichtigem unterscheiden. Du kannst nun die zentralen Aspekte mündlich oder auch schriftlich wiedergeben, ohne dass du Gefahr läufst, ihn nachzuerzählen.

KREATIVE TEXTPRODUKTION ■ Übungen

Übung 3: „... aber Steine reden nicht" (Carlo Ross)

▶ Lies dir den Romanauszug aus „... aber Steine reden nicht" von Carlo Ross und die gegebenen Zusatzinformationen aufmerksam durch.
Erstelle dann einen Tagbuch-Eintrag aus der Sicht des jüdischen Jungen David, den dieser am Abend schreibt, nachdem er von den Kindern aus dem Viertel gedemütigt und verletzt wurde.
In dem Tagebuch-Eintrag sollst du
a. deine eigene Situation und die Geschehnisse aus Sicht Davids darstellen und
b. seine Gedanken und Gefühle schildern.

In dem 1987 erschienenen Buch „...aber Steine reden nicht" von Carlo Ross geht es um den vierzehnjährigen jüdischen Jungen David Rosen, der gemeinsam mit seiner Mutter im Jahre 1938 in die „Stiege", eine Armeleutestraße in der westfälischen Stadt Hagen zieht. Christen und Juden, Sozialdemokraten und Kommunisten, Nationalsozialisten und Mitläufer leben hier in engster Nachbarschaft. Hanna und David Rosen werden zunächst schnell in der neuen Umgebung aufgenommen, aber der Druck der Nazis wird von Tag zu Tag stärker.

David spürt die zunehmenden Anfeindungen und Verbote, die für die jüdische Bevölkerung gelten. Er und sein Freund Alex dürfen nicht mehr in ihre alte Schule gehen, sondern müssen eine jüdischen Schule besuchen, in den Geschäften hängen Schilder „Juden unerwünscht!", die jüdischen Menschen dürfen nicht an den Luftschutzübungen teilnehmen und sie bekommen auch keine Gasmasken. David erlebt auch, dass Juden kaum noch Lebensmittel erhalten und sie als Menschen zweiter Klasse behandelt werden. Nur knapp können er und seine Mutter in der Reichspogromnacht mit dem Leben davonkommen. Nachdem sein Freund Alex die Möglichkeit nutzt, nach Amerika zu flüchten, ist er sehr einsam. Nur sein alter Freund Erich Zettlau spricht noch ab und zu mit ihm. Da dieser aber in der Hitlerjugend ist und mit Juden eigentlich nicht sprechen darf, ist auch diese Freundschaft zum Scheitern verurteilt.
Um ein wenig Geld zu verdienen, Milch zu erhalten und damit er nicht deportiert wird, da er für die Deutschen arbeitet, nimmt David im Januar 1939 Arbeit bei Frau Freudewald an. Er transportiert nach dem Abtransport ihres behinderten Sohnes Kalla in eine „Anstalt" nun die Kartoffelschalen aus den Häusern der Stiege zum Stall von Frau Freudewald, damit diese an die Kühe verfüttert werden können.

„... aber Steine reden nicht" (Auszug)

„Judenkalla, Judenkalla", höhnten die Kinder, als David zum ersten Mal, fest vermummt durch Wollschal und Mütze, auf einem Schlitten die Kartoffelschalen für Freudewalds Kühe herbeischaffte. Die Arbeit lag dem Jungen nicht. David schwitzte trotz der eisigen Januarkälte. Das kam nicht nur von der schweren Arbeit, auch der Hohn der Kinder trug sehr dazu bei. „Judenkalla, Judenkalla", schallte es ihm entgegen, als er wieder einmal aus einem Hauseingang
5 trat. Und andere brüllten ihm nach: „Der Jude jede Arbeit macht, wenn's nur in seinem Beutel lacht!"
Sie warfen die ersten Schneebälle und dann flogen auch noch Steine. Gleich am ersten Tag traf einer der Steine ihn an der Schläfe. Die Pudelmütze milderte die Wirkung des Wurfes, aber David spürte doch, wie es warm an seiner Wange hinunterlief. Mit aller Kraft zog er den schwer beladenen Schlitten auf Freudewalds Hof. Er schaffte es, war stolz darauf und vergaß für eine Weile, dass ihn der Stein blutig geschlagen hatte. Als er schon durch das Tor hin-
10 durch war, warfen sie erneut Steine. Schützend hielt er sich die Hand vor das Gesicht. Aber dann stand jemand neben ihm und half den Schlitten hinaufzuziehen. David schaute auf und erkannte Erich Zettlau. David wollte danke sagen, doch der blonde Junge meinte nur: „Quatsch nicht, zeig mir lieber mal den Kopf. Du hast ganz schön was abgekriegt."
Als wieder Schneebälle und Steine flogen, stemmte Erich die Hände in die Seiten und schrie laut und männlich: „Dem
15 nächsten, der einen Wackermann schmeißt, versohle ich den Arsch, dass er acht Tage nicht sitzen kann!" Nach dieser Warnung hörten sie auf zu werfen, schrien aber ihr „Judenkalla" noch über lange Zeit zu den zweien hinauf. Erich und David luden die schweren Säcke ab, trugen sie in den Stall, in dem es warm war, und als sie dann wieder auf dem Hof standen, schwitzend, aber froh über die geleistete Arbeit, klopfte Frau Freudewald ihnen anerkennend auf die Schultern.

20 Zu David gewandt sagte sie: „An die Arbeit gewöhnst du dich schon. Sollst sehen, wenn Frühling ist, hast du Muskeln wie der Kalla, und dann wagt keiner der Rotzbengel mehr dich auch nur scheel anzusehen."
David drückte seinem Helfer die Hand. Der erwiderte den Druck: „Ich komme heute Abend auf einen Sprung zu euch rüber. Weißt du, ich bin jetzt immer so müde, die Arbeit [Anmerkung: Erich arbeitet als Lehrling bei der Reichsbahn] ist verflixt schwer, verstehst du?"
25 David verstand.

Textauszug aus Carlo Ross: „... aber Steine reden nicht". © 1996 Deutscher Taschenbuch Verlag, München. Erstveröffentlichung 1987

Schritt 1: Aufgabe erschließen

1   Textsorte: Tagebuch-Eintrag

1.1 Was macht eigentlich einen Tagebuch-Eintrag aus, was nicht? Kreuze die richtigen Antworten an! ■■

Ein Tagebuch-Eintrag …
- ☐ … ist eine Erinnerung an all das, was man getan und erlebt hat, was einen gefreut oder bedrückt hat.
- ☐ … enthält intime Gedanken und Gefühle.
- ☐ … hat keine geordnete Schreibweise wie in einem Aufsatz. Wenn jemand nachdenkt, was am Tag passiert ist, dann denkt er in Sprüngen, er wechselt zwischen verschiedenen Ereignissen, er erinnert sich an Vergangenes und blickt vielleicht auch nach vorne.
- ☐ … ist sehr sachlich geschrieben, wie ein Lexikoneintrag.
- ☐ … kann mit einer Anrede beginnen und mit einer Unterschrift beendet werden.
- ☐ … sollte immer kürzer als eine halbe Seite sein und in chronologischer Reihenfolge stehen.
- ☐ … ist eigentlich an niemanden gerichtet. Es ist die wohl intimste Schreibform des Menschen.
- ☐ … wird gerne mit selbst gestellten Fragen eingeleitet: „Was ist eine Freundschaft wert, wenn man nicht in der Not zusammenhält?"
- ☐ … ist deshalb auch eine schöne Möglichkeit, sich in die Gedanken einer Figur hineinzuversetzen. Dabei kannst du, ohne dass du streng gliedern und ordnen musst, aus der Sicht der Figur heraus fühlen, denken und schreiben. Du wirst selbst ein Stück weit zum Schriftsteller und benutzt dessen Figur auch, um Gedanken mitzuteilen, die im Ausgangstext selbst nicht ausgesprochen werden.
- ☐ … enthält auch Ausrufe und Fragen.

Schritt 2: Textgrundlage verstehen

1   Davids Situation

1.1 Welche Stationen in Davids Leben haben ihn bis zu dem Vorfall auf Freudewalds Hof geprägt, was musste er erleben? Liste aus seiner Sicht auf. ■

- *Ich zog um in eine neue, fremde Umgebung.*
- _____
- _____
- *Ich merkte, dass mein Leben weniger wert sein soll, als das der „Herrenmenschen", wie sie sich bezeichnen. Ich bekam keine Gasmaske und es wurde verboten, dass wir an der Luftschutzübung teilnehmen.*
- _____
- _____
- _____

KREATIVE TEXTPRODUKTION ■ Übungen

2 Zusammenfassung des Textauszuges

2.1 Fasse die Handlung des Romanauszuges in einigen wenigen Sätzen zusammen. ■■

In dem Auszug aus dem Roman „… aber Steine reden nicht" von Carlo Ross geht es um den jüdischen Jungen David, …

_____

_____

_____

_____

_____

3 Textstellen-Analyse

3.1 Du sollst dich in David hineinversetzen, um aus seiner Sicht einen Tagebuch-Eintrag schreiben zu können. Lies den Text erneut und markiere Aussagen über sein Verhalten! Du musst dabei „zwischen den Zeilen lesen". ■■■

3.2 Überlege, was die angegebenen Textstellen über David sowie dessen Gefühlswelt und Gedanken aussagen! ■■■

Textstelle	Bedeutung
„Die Arbeit lag dem Jungen nicht." (Z. 2)	David ist es nicht gewohnt, körperlich schwer zu arbeiten.
„David schwitzte trotz der eisigen Januarkälte. Das kam nicht nur von der schweren Arbeit, auch der Hohn der Kinder trug sehr dazu bei." (Z. 3–4)	David schämt sich, …
„Er schaffte es, war stolz darauf und vergaß für eine Weile, dass ihn der Stein blutig geschlagen hatte." (Z. 8–9)	
„David drückte seinem Helfer die Hand." (Z. 22)	
„David verstand." (Z. 25)	David versteht in diesem Moment, dass Erich ihm geholfen hat, weil er sein Freund ist, aber dass dieser wegen seiner Lehre nicht immer für ihn da sein kann. Vielleicht wird ihm auch klar, dass die Aussage Erichs eine vorgeschobene ist, da dieser nicht so oft mit einem jüdischen Jungen auf der Straße gesehen werden will.

Schritt 3: Stoffsammlung

> **HINWEIS** Nun folgt der wichtigste Schritt. Du musst in deinem Tagebuch-Eintrag über das Geschehene berichten und dabei deine Gedanken und Gefühle darlegen.

1 Gedanken zur Gefühlswelt des Protagonisten

1.1 Versetze dich in David hinein. Was fühlt er? Was denkt er? Was bewegt ihn? Ergänze in der folgenden Tabelle nachvollziehbare Gedanken und Gefühle, wie er sie abends in seinem Tagebuch aufschreiben könnte. ■■

Situation: Was ist passiert?	Was könnte David denken?	Was könnte David fühlen?
„Judenkalla, Judenkalla", höhnten die Kinder ..." (Z. 1)		
„... als David zum ersten Mal, fest vermummt durch Wollschal und Mütze, auf einem Schlitten die Kartoffelschalen für Freudewalds Kühe herbeischaffte." (Z. 1–2)	Wieso hatte ich die Arbeit überhaupt angenommen? Diese Demütigungen werden immer nur noch schlimmer. Ich weiß noch, am Tag der Luftschutzübung ...	
„Und andere brüllten ihm nach: ‚Der Jude jede Arbeit macht, wenn's nur in seinem Beutel lacht!'" (Z. 5)		
„Sie warfen die ersten Schneebälle und dann flogen auch noch Steine." (Z. 6)		Ich fühlte mich wie ein ungebetenes Tier, das man mit Steinen versucht zu vertreiben. Aber ich bin doch ein Mensch! Mein Herz schlug mir vor lauter Angst bis zum Hals!
„Mit aller Kraft zog er den schwer beladenen Schlitten auf Freudewalds Hof. Er schaffte es, war stolz darauf und vergaß für eine Weile, dass ihn der Stein blutig geschlagen hatte." (Z. 8–9)		
„Aber dann stand jemand neben ihm und half den Schlitten hinaufzuziehen. David schaute auf und erkannte Erich Zettlau." (Z. 10–11)	Unglaublich! Das nenne ich einen Retter in der Not. Wenn Erich mir nicht zu Hilfe gekommen wäre, hätten sie mich womöglich noch mehr verletzt.	
„stemmte Erich die Hände in die Seiten und schrie laut und männlich: ‚Dem nächsten, der einen Wackermann schmeißt, versohle ich den Arsch, dass er acht Tage nicht sitzen kann!'" (Z. 14–15)		Manchmal wünschte ich, ich wäre so mutig wie Erich.

KREATIVE TEXTPRODUKTION ■ Übungen

Situation: Was ist passiert?	Was könnte David denken?	Was könnte David fühlen?
„An die Arbeit gewöhnst du dich schon. Sollst sehen, wenn Frühling ist, hast du Muskeln wie der Kalla, und dann wagt keiner der Rotzbengel mehr dich auch nur scheel anzusehen." (Z. 20–21)	Ich kann mir zwar kaum vorstellen, wie ich diese harte Arbeit bis zum Frühling ertragen soll, aber die Aussicht darauf, dass man mich dann in Ruhe lässt ... Mal sehn!	
„David drückte seinem Helfer die Hand. Der erwiderte den Druck." (Z. 22)		

Schritt: 4 Stoff gliedern und abfassen

> **HINWEIS** Du weißt nun genau, was an diesem Tag in Davids Leben passiert ist und hast dir überlegt, was er gedacht und wie er sich gefühlt hat. Nun kommt es darauf an, all das, was du gesammelt hast, in eine Abfolge zu bringen.

1 Schreibplan

Einleitung:
- Du beginnst mit *„Liebes Tagebuch, ..."*, lässt eine Zeile frei und schreibst dann klein weiter.
- In der Einleitung erklärst du, worüber du schreiben möchtest (*„heute ist einiges passiert ..."*, *„es wird immer schlimmer!"*, *„ich fühle mich ..."*).
- Du schreibst in der Ich-Form und meist im Präteritum, da du über Vergangenes berichtest.

Hauptteil:
- Im Hauptteil schreibst du anschaulich über das, was passiert ist, das bedeutet, dass du viele beschreibende Adjektive nutzt und ausführlich über deine Gefühle und Gedanken berichtest. Stelle rhetorische Fragen (*Wie konnte das alles nur passieren?*).
- Du musst dabei nicht unbedingt chronologisch vorgehen, das ist das Besondere an einem Tagebuch-Eintrag. David kann sich auch an vergangene Ereignisse erinnern oder in die Zukunft blicken.
- Beziehe dazu deine Vorarbeiten ein.

Schluss:
- Am Schluss fasst du vielleicht zusammen wie es weitergehen soll, bringst Hoffnungen zum Ausdruck, wünschst dir etwas oder triffst einen Entschluss.

1.1 Notiere mögliche Wendungen, die du in deinem Schluss verwenden könntest: ■■■
Wie soll es weitergehen? Was sind deine Hoffnungen und Wünsche?

Ich ... _____

_____

2 Tagebuch-Eintrag verfassen

2.1 Nun kannst du deinen Tagebuch-Eintrag schreiben. Bedenke dabei die Merkmale eines Tagebuch-Eintrags und orientiere dich am Schreibplan. ■■■

Schnell-Check Tagebuch-Eintrag

	☹	☺
Inhalt		
Ich habe die Aufgabenstellung mit meinem Text verglichen. Ich habe alle Aspekte berücksichtigt.		
Alle wichtigen Ereignisse des Tages habe ich aufgeführt.		
Davids Gefühle und Gedanken habe ich umfassend dargestellt.		
Ausdruck		
Ich habe durchgängig in der 1. Person Singular geschrieben.		
Meine Wortwahl ist für einen Jungen in Davids Alter angemessen.		
Ich habe meinen inneren Monolog im Präteritum verfasst.		
Meine Satzanfänge variieren.		
Mein Satzbau ist abwechslungsreich.		
Ich habe Davids Gefühle mithilfe von Ausrufen und rhetorischen Fragen verdeutlicht.		
Grammatik, Rechtschreibung, Zeichensetzung		
Die Wörter, bei deren Schreibung ich nicht sicher bin, habe ich im Wörterbuch nachgeschlagen.		
Ich habe meinen Aufsatz „rückwärts" gelesen und auf diese Weise die Flüchtigkeitsfehler entdeckt.		
Rechtschreibung, Zeichensetzung und Grammatik habe ich mehrmals überprüft. Dabei habe ich auf meine Fehlerschwerpunkte geachtet.		
Form		
Meine Schrift ist gut lesbar.		
Ich habe meinen Text in sinnvolle Abschnitte gegliedert und dadurch optisch ansprechender und lesbarer gemacht.		

Kapitel V
Pannenhilfe

1 Wörterbuch

Niemand erwartet von dir, dass du alle Wörter der deutschen Sprache und ihre Bedeutung kennst sowie ihre Schreibweise beherrschst! In der Prüfungsvorbereitung und in der Prüfung selbst musst du immer wieder einzelne Wörter in einem Wörterbuch nachschlagen:

- zur Klärung der Schreibweise oder auch Trennung eines Wortes
- zum Verständnis der Bedeutung des Wortes

Wörterbucheinträge verstehen

Abkürzungen
f. = femininum (die)
m. = maskulinum (der)
n. = neutrum (das)

Arbeiten mit dem Wörterbuch

1. Beachte das **Abc**: *Spiritualität* steht vor *spirituell*, *heilen* steht vor *teilen*.

2. Bei Fremdwörtern (wie zum Beispiel *Abundanz*) gibt es oft mehrere Bedeutungen (1. Überfluss; 2. Häufigkeit, z. B. einer Tierart). Du kannst die **Ersatzprobe** anwenden, um die richtige Bedeutung herauszufinden:
Dazu setzt du die angegebenen Bedeutungen im Text an die Stelle des Fremdwortes. Die Bedeutung, die im Textzusammenhang sinnvoll ist, wählst du dann aus.

3. Manche Wörter musst du **zurückführen oder trennen**, um sie im Wörterbuch zu finden. Das geht so:
    - Bilde von Verben den Infinitiv (die Grundform): gab > geben   saß > sitzen
    - Bilde von Nomen den Singular (die Einzahl): Atlanten > Atlas
    - Die Bedeutung zusammengesetzter Nomen erschließt sich meist erst, wenn du beide Wortteile getrennt nachschaust. Schlage zuerst den ersten Wortteil nach. Wenn dort die Zusammensetzung nicht zu finden ist, musst du auch unter dem zweiten Wortteil nachschlagen. Steht auch dort die Zusammensetzung nicht, musst du dir die Bedeutung des Wortes aus den Bedeutungen der beiden Wortteile selbst zusammensetzen.
    Evaluationsprozess: Evaluation (Bewertung)
    + Prozess (Vorgang)
    = Der Vorgang, bei dem eine Bewertung vorgenommen wird.

2 Zitieren

Bei der Analyse und Interpretation von Texten musst du deine Aussagen mit Textstellen belegen. Dabei sind einige Regeln zu beachten, damit dem Leser/der Leserin deutlich wird, dass es sich um Zitate handelt.

Richtig zitieren

> **HINWEIS** Wenn du ein Zitat (einen fremden Text) in deinen Analysen bzw. Interpretationen wiedergeben willst, muss er im Konjunktiv I stehen, damit der Leser direkt zwischen dem Zitat und deinen eigenen Ausführungen unterscheiden kann.

falsch	richtig
Der Lehrer hält einen Vortrag über die Vor- und Nachteile von Hausaufgaben. Das Erstellen von Hausaufgaben *beeinflusst* die mündliche Leistung positiv.	Der Lehrer hält einen Vortrag über die Vor- und Nachteile von Hausaufgaben. Das Erstellen von Hausaufgaben *beeinflusse* die mündliche Leistung positiv.
→ Hier hat der/die Lesende den Eindruck, dass das deine Meinung ist und nicht die des Lehrers.	→ Hier hat der/die Lesende den Eindruck, dass die Meinung nicht deine, sondern die des Lehrers ist.

Quellen angeben

> **HINWEIS** Wenn du aus einem Text zitierst, dann musst du angeben, woher du ihn hast bzw. an welcher Stelle er genau zu finden ist. Stammt dein Zitat aus einem vorgegebenen Text, so wird die Zeile benannt, bei Gedichten der Vers.

Beachte dabei folgende zwei Regeln:
- Der wörtlich übernommene Text wird in **Anführungszeichen** gesetzt.
- Unmittelbar im Anschluss an das Zitat folgt in Klammern die **Zeilenangabe**, wobei das Wort „Zeile" mit „Z." abgekürzt wird, das Wort „Vers" mit „V."

Der Lehrer betont die „herausragende Leistung der Schülerinnen und Schüler im medialen Bereich" (Z. 13).	**richtig**
In der 13. Zeile erfreut sich der Lehrer an der „herausragenden Leistung der Schülerinnen und Schüler im medialen Bereich".	**falsch**
Der Lehrer betont die herausragende Leistung der Schülerinnen und Schüler im medialen Bereich in der Zeile 13.	**falsch**

> **ACHTUNG** Vermeide längere Zitate. Sonst kann es dir passieren, dass deine Arbeit mehr aus dem vorliegenden Text besteht als aus deinem eigenen. Zitate machen nur Sinn, wenn du damit deine eigenen Textaussagen belegen willst und auf das Zitat auch im Vorfeld oder im Nachhinein genauer eingehst.

> **TIPP** Oft wirkt ein Text flüssiger und lässt sich besser lesen, wenn man das Zitat in Klammern einfügt.

3 Schreibtipps

Die folgende Übersicht hilft dir, Fehler, die häufig vorkommen, zu vermeiden. Schaue dir deine letzten Klassenarbeiten an und stelle deine eigenen **Fehlerschwerpunkte** fest. In der nachstehenden Tabelle findest du Lösungen, um einige solcher Fehler zu vermeiden.

Checkliste Textkorrektur

Fehlerschwerpunkt	Tipps	Beispiele
das oder *dass*?	■ Wende die Ersatzprobe an. Wenn du das Wörtchen „das / dass" durch *dieses, jenes, welches* ersetzen kannst, wird „das" nur mit einem s geschrieben. Das Wort „das" kann dann ein Artikel sein (*das* Auto); ein Demonstrativpronomen oder ein Relativpronomen (das Auto, *das* ...). Ist es ein Relativpronomen, steht es immer in einem Nebensatz. Achte auf die Kommasetzung! ■ Beachte: Die Konjunktion *dass* leitet immer einen Nebensatz ein; dieser wird vom Hauptsatz mit Kommas abgetrennt.	*Das* Auto, das falsch geparkt hat, wird von der Polizei abgeschleppt. Ich glaube, *dass* die Polizei *das* Auto, das falsch geparkt hatte, abgeschleppt hat.
groß oder klein?	■ Kann ich vor ein Wort einen Artikel setzen, so handelt es sich um ein Nomen. ■ Achte auch auf das Wortende! Endungen wie -heit, -keit, -nis, -ung, -tum gibt es nur bei Nomen.	der Donnerstag Heiserkeit Erkältung
getrennt oder zusammen?	■ Du musst dir ganz genau die Wortarten anschauen, die du vielleicht zusammenschreiben willst. Verbindungen mit einem Verb werden meistens getrennt geschrieben, genauso wie die Wortgruppen mit *sein*. ■ Zusammengeschrieben werden Verbindungen von Nomen und Nomen, Nomen und Adjektiv, Verbindungen mit *irgend-*, Nominalisierungen sowie Adjektiv und Adjektiv. ■ Beachte: Verbindungen von Verb und Adjektiv, die eine übertragene Bedeutung haben, werden zusammengeschrieben.	Rad schlagen, kochen lernen, langsam reden Kindergarten, pudelnass irgendwann offenbleiben, schwerfallen
Zeichensetzung	■ Lies dir deine Texte langsam und konzentriert durch. Trenne nie Sinneinheiten! ■ Kommas stehen bei: Aufzählungen Haupt- und Nebensätzen Beachte: ■ Ein Hauptsatz kann immer alleine stehen! ■ Ein Nebensatz besitzt auch immer ein Verb! ■ Wenn „und" bzw. „oder" in einem Satz auftauchen, muss kein Komma stehen.	Heute habe ich in der Schule Sport, Erdkunde, Informatik, Deutsch und Mathematik. Wir hoffen, dass die Abschlussprüfung gut gelingt. Sonja möchte erst die Hausarbeiten erledigen und anschließend mit dem Hund spazieren gehen.

4 Texte überarbeiten

> **HINWEIS** Die Prüfung ist zeitlich so angelegt, dass dir genügend Raum für die Überarbeitung des Geschriebenen zur Verfügung steht – diese solltest du unbedingt nutzen! Es wäre doch schade, wenn deine Lösungen inhaltlich prima wären und du wichtige Punkte im Bereich „Form" verschenken würdest, nur weil du nicht genau weißt, wie du überarbeiten sollst.

Die meisten Fehler wirst du finden, wenn du deinen Text in mehreren Durchgängen überarbeitest, wobei du dabei jedes Mal einen anderen Aspekt unter die Lupe nimmst. Zwei **Bearbeitungsarten** lassen sich unterscheiden:

Formale Textbearbeitung

Bei der formalen Textbearbeitung geht es darum, die sprachlichen/formalen Fehler zu finden, das bedeutet, dass du deinen Text in Hinblick auf folgende Gesichtspunkte überarbeiten musst:

- Hast du alle Aufgaben entsprechend der Vorgaben übersichtlich durchnummeriert?
- Hast du die formalen Kriterien der Textsorte berücksichtigt (z. B. Brief: Ort und Datum, Anrede, Grußformel)?
- Ist deine Schrift im gesamten Text gut lesbar?
- Sind deine Sätze abwechslungsreich aufgebaut und verständlich?
- Hast du deine Sätze sinnvoll verknüpft?

Ursache:	*denn, weil*
Absicht:	*damit, um … zu, so*
Einschränkung:	*obwohl, trotzdem*
Bedingung:	*wenn, falls*
Folge:	*sodass, darum, folglich*
Gegensatz:	*aber, sondern, dennoch*

- Verwendest du unterschiedliche Satzanfänge?
- Vermeidest du umgangssprachliche Wendungen und unnötige Wiederholungen?
- Hast du in der richtigen Zeitform geschrieben?
- Sind deine Texte in Hinblick auf Rechtschreibung, Grammatik und Zeichensetzung fehlerfrei?
- Gerade der Rechtschreibung und Zeichensetzung solltest du dich besonders widmen. Schlage im Wörterbuch nach, wenn du unsicher bist und achte auf deine besonderen Fehlerschwerpunkte.

> **TIPP** Überarbeite die Rechtschreibung deiner Texte immer von hinten nach vorne. So bist du gezwungen, dir jedes einzelne Wort genau anzusehen und die Gefahr, Flüchtigkeitsfehler einfach zu überlesen, da du ja weißt, was „da stehen soll", ist geringer!

Inhaltliche Textbearbeitung

Als Abschluss jeder Übung in diesem Trainingsband findest du eine Checkliste, die alle Gesichtspunkte berücksichtigt, die dein Text enthalten muss. Eine solche Checkliste solltest du dir auch am Ende deiner Prüfung erstellen:

- Lies die Aufgabenstellung noch einmal gründlich und überprüfe, ob du sie vollständig bearbeitet hast.
- Überlege noch einmal, was du über die jeweilige Textsorte weißt, um die es geht. Schreibe dir die Kriterien dieser Textsorte auf, damit du sie anschließend überprüfen kannst (↗ Kapitel I).
- Außerdem musst du kontrollieren, ob dein Text logisch ist, also ob man deine Gedanken als Leser bzw. Leserin nachvollziehen kann.
- Hast du den Stil der Textsorte getroffen? Überprüfe – z. B., ob deine Gedicht-Analyse sachlich geschrieben ist oder dein innerer Monolog genügend Gefühlsbeschreibungen und Gedanken enthält!

Kapitel VI
Prüfungsaufgaben 2009

Kapitel VI
Prüfungsaufgaben 2009

Thema	Mobbing per Handy (Sachtext)
Aufgabentyp	**Der erste Prüfungsteil** umfasst die Aufgaben 1–14. Es handelt sich um Multiple-Choice-Aufgaben zum Leseverstehen.

Erster Prüfungsteil: Leseverstehen

Japan

Mobbing per Handy nimmt unter Teenagern zu

(1) Tokio. Ein Leben ohne ihr Handy können sich japanische Schüler nicht vorstellen. Viele sind geradezu besessen von den Mobiltelefonen, mit denen sie Stunden verbringen und dutzende Kurzmitteilungen pro Tag versenden.

(2) Was auf der Strecke bleibt, ist der Kontakt von Angesicht zu Angesicht. Experten beklagen schon jetzt Kommunikationsdefizite[1] bei Teenagern. Sie haben auch festgestellt, dass Schüler das Handy immer häufiger für Mobbing missbrauchen.

(3) Eine Umfrage der japanischen Regierung ergab kürzlich, dass ein Drittel der Grundschüler ein Handy benutzt. In der weiterführenden Schule sind es schon 96 Prozent der Schüler. Sie brauchen die Mobiltelefone, um SMS zu verschicken, zu plaudern, Bücher zu lesen, Musik zu hören und im Internet zu surfen[2]. Junge Mädchen hängen im Schnitt 124 Minuten am Tag am Handy, Jungen 92 Minuten.

(4) Zwar eröffnen die elektronischen Alleskönner neue Möglichkeiten des Lernens und Kommunizierens. Doch für manche Teenager werden sie zur Droge. Auf die Frage, was ihnen abgesehen von ihrem eigenen Leben am wichtigsten sei, antworteten viele japanische Schüler „Mein Handy!", berichtet *Masashi Yasukawa*, Vorsitzender des Nationalen Internet-Beratungsgremiums. „Sie bewegen ihre Daumen sogar, während sie essen oder fernsehen."

(5) Ihr Leben funktioniere nicht ohne Handy, berichtet etwa die 20-jährige *Ayumi Chiba*. „Wenn ich mal vergessen hatte, es mit in die Schule zu nehmen, habe ich eine Krankheit vorgegaukelt, so dass ich eher heimkonnte."

„Viele Jugendliche fühlten sich ohne ihr Handy unsicher", erklärt der Tokioter Soziologieprofessor[3] *Hideki Nakagawa*, „genauso wie Vertreter[4] ohne ihre Visitenkarten[5]".

(6) Bei einer Studie mit 1600 japanischen Mittelschülern um die 14 Jahre gaben 60 Prozent an, ein Mobiltelefon dabeizuhaben. Fast jeder zweite verschickt 20 E-Mails oder mehr pro Tag. Dabei nutzen die Schüler ihr Handy weniger für Plauderei als für Kurzmitteilungen. Sie fühlten sich sicherer, wenn sie es nicht mit einem Gegenüber aus Fleisch und Blut zu tun hätten, sagt der Studienleiter, Pädagogikprofessor[6] *Tetsuro Saito*, der um die Kommunikationsfähigkeiten[7] seiner jungen Landsleute fürchtet.

(7) Das Beispiel der 18-jährigen *Tomomi* bestätigt seine Sorge. Die Schülerin verschickt täglich rund 20 E-Mails. „Es gibt Leute, mit denen ich nicht spreche, selbst wenn ich sie in der Schule sehe. Wir tauschen nur E-Mails aus. Ich schätze, uns verbindet nur ein Apparat."

(8) *Saitos* Studie ergab, dass manche Jugendliche ihr Mobiltelefon als eine Art emotionale[8] Krücke[9] brauchen. Dabei gilt: Je mehr Probleme im Elternhaus, desto größer die Handy-Sucht. So verschicken 60 Prozent der Schüler, die zu Hause unglücklich sind, 20 oder mehr E-Mails pro Tag. Bei den zufriedenen Jugendlichen sind es nur 35 Prozent.

(9) Je mehr das Handy das Leben der Schüler in Japan bestimmt, desto größer werden auch die Gefahren. So nutzen manche Jugendliche ihr Mobiltelefon für Schikane. Internet-Experte *Yasukawa* nennt das Beispiel eines 15-jährigen Opfers. „Du stinkst!", stand in den anonymen

SMS, die das Mädchen erhielt, oder gar „Stirb!". Hinter dem Telefonterror steckte eine vermeintliche Freundin. Diese gab an, sie habe sich angesichts der Angst ihrer Kumpanin¹⁰ gut gefühlt.

(10) „Eltern ahnen ja nicht, dass sich hinter den Handy-Displays eine wirklich schaurige Welt verbirgt", sagt *Yasukawa*. Da Schüler per Mobiltelefon persönliche Informationen preisgeben, können sie auch ins Visier¹¹ von Betrügern [...] geraten. Nur etwa ein Prozent der jungen Nutzer habe seinen Worten nach eine eingebaute Sperre für möglicherweise zwielichtige¹² Seiten. Und auch in Internetforen¹³ von Schulen, auf die nur Schüler Zugriff haben, können Missetäter¹⁴ ungehindert und anonym Mitteilungen verschicken.

(11) Wird ein Jugendlicher gemobbt, so könne er auf virtuellem¹⁵ Wege einen anderen Mitschüler wegen irgendeiner Nichtigkeit an den Pranger stellen¹⁶, sagt *Yasukawa*. Das führe dann womöglich zu einem regelrechten „Überlebensspiel unter Kindern".

http://www.derwesten.de/nachrichten/wp/2008/8/24/news-71180456/detail.html
Seitenaufruf am 23.10.08
[© 1994–2009 Agence France-Presse, Quelle: AFP, Agence France-Presse, 21.01.2008, 6:17]

[1] Kommunikationsdefizite: hier: Schwierigkeiten, mit anderen Menschen zu reden
[2] Manche Handys haben heute Internetzugang und können E-Mails senden.
[3] Soziologie: Gesellschaftswissenschaft
[4] Vertreter: Verkäufer, die zu Kunden gehen und ihre Waren anbieten
[5] Visitenkarten: Karten mit dem Namen, der Adresse, der Telefonnummer und dem Beruf einer Person
[6] Pädagogik: Lehre, die die Erziehung und Entwicklung von Kindern untersucht
[7] Kommunikationsfähigkeiten: die Fähigkeit, sich mit anderen Menschen zu verständigen
[8] emotional: gefühlsmäßig
[9] Krücke: Stütze; Stock, auf den man sich beim Gehen stützen kann
[10] Kumpanin: hier: Mitschülerin
[11] Visier: hier: Blickpunkt
[12] zwielichtig: hier: verdächtig, möglicherweise kriminell
[13] Internetforen: Seiten im Internet, auf denen Internetnutzer sich unterhalten und ihre Meinungen austauschen
[14] Missetäter: Übeltäter; jemand, der etwas Schlimmes tut
[15] virtuell: hier: im Internet
[16] an den Pranger stellen: hier: jemanden öffentlich bloßstellen

Aufgaben zum Leseverstehen

1 Welche der folgenden Aussagen passt zu dem, was in Abschnitt 2 steht?
Kreuze die richtige Antwort an.
- a. Das Handy wird von japanischen Schülern meistens für Mobbing missbraucht.
- b. Japanische Teenager sind durch das Handy überhaupt nicht mehr kommunikationsfähig.
- c. Experten haben festgestellt, dass sich japanische Teenager in die Augen sehen, wenn sie miteinander sprechen.
- d. Experten haben festgestellt, dass das Mobbing mit Hilfe des Handys unter Schülern zunimmt.

2 Kreuze die richtige Antwort an.
„Eine Umfrage der japanischen Regierung ergab kürzlich, dass …" (Z. 7–8)
- a. ältere Schülerinnen und Schüler das Handy häufiger benutzen als jüngere.
- b. überwiegend Grundschüler mit Hilfe des Handys Bücher lesen.
- c. Jungen sich wesentlich häufiger mit dem Handy befassen als Mädchen.
- d. Grundschüler das Handy nicht nutzen, um im Internet zu surfen.

3 In Abschnitt 4 beginnt der erste Satz mit „Zwar", der zweite mit „Doch". Welches Satzpaar gibt das wieder, was im Text steht?
Kreuze die richtige Antwort an.
- a. Handys erleichtern das Lernen. Deshalb können immer mehr Jugendliche mit dem Lernen für die Schule nicht mehr aufhören.
- b. Für Gespräche werden immer häufiger Handys benutzt. Jugendliche können sich nicht mehr unterhalten.
- c. Handys bieten neue Perspektiven für die Zukunft. Aber für manche Jugendliche wird der Handygebrauch zum Zwang.
- d. Jugendliche werden durch die Handystrahlen negativ beeinflusst. Der häufige Handygebrauch schädigt sie.

4 Nenne einen Aspekt aus Abschnitt 6, der Tomomis Äußerung aus Abschnitt 7 erklären könnte. *„Es gibt Leute, mit denen ich nicht spreche, selbst wenn ich sie in der Schule sehe. Wir tauschen nur E-Mails aus"* (Z. 29–30).

_____
_____
_____
_____
_____
_____
_____
_____
_____
_____

5 Kreuze die richtige Antwort an.

„Saitos Studie ergab, dass manche Jugendliche ihr Mobiltelefon als eine Art emotionale Krücke brauchen" (Z. 31–32).

Der Ausdruck „emotionale Krücke" meint hier, dass das Mobiltelefon ...

- a. den Jugendlichen zu helfen scheint, wenn sie Probleme im Umgang mit anderen Menschen haben.
- b. die Jugendlichen daran hindert, gegen Mitschüler Gewalt anzuwenden.
- c. den jungen Menschen hilft, Kontakt mit der Familie zu halten.
- d. verhindert, dass die Jugendlichen zu legalen Drogen greifen.

6 Welche der Konjunktionen verbindet die beiden Sätze in Abschnitt 7 (Z. 28–29) sinnvoll miteinander?

„Das Beispiel der 18-jährigen Tomomi bestätigt seine Sorge, _____ die Schülerin verschickt täglich rund 20 E-Mails."

Kreuze die richtige Antwort an.

- a. aber
- b. denn
- c. und
- d. oder

7 „Je mehr das Handy das Leben der Schüler in Japan bestimmt, desto größer werden auch die Gefahren" (Z. 35–36). Welche Gefahren sind in diesem Abschnitt gemeint?

Kreuze die richtige Antwort an.

- a. Jugendliche in Japan geraten über eine SMS in Kontakt mit terroristischen Gruppen.
- b. Jugendliche in Japan bekommen Angst wegen anonymer SMS-Drohungen und Beleidigungen.
- c. Jugendliche in Japan vernachlässigen aus Zeitmangel die Körperpflege.
- d. Jugendliche in Japan haben durch das Verschicken von SMS keine Freunde mehr.

8 „Eltern ahnen ja nicht, dass sich hinter den Handy-Displays eine wirklich schaurige Welt verbirgt" (Z. 40–41). Was meint der Internet-Experte Yasukawa damit?

Beziehe dich nur auf Absatz 10.

Kreuze die richtige Antwort an.

- a. Die persönlichen Daten, die Schüler per Mobiltelefon preisgeben, zeigen ihre bösen Gedanken.
- b. Die Jugendlichen surfen meistens auf verbotenen Seiten.
- c. Betrüger und andere Kriminelle können sich ungehinderten Zugang zu den Mobiltelefonen der Jugendlichen verschaffen.
- d. Die Jugendlichen schicken sich gegenseitig abstoßende Nachrichten.

9 Ordne den folgenden Überschriften die entsprechenden Abschnitte des Textes zu.

	Überschrift	passt zu Abschnitt
a.	Mehr Schikane bei wachsender Verbreitung	
b.	Handy als wichtigster Lebensinhalt	
c.	Mehr Kurzmitteilungen als Plauderei	
d.	Zugriffsmöglichkeiten für Kriminelle	

10 Im Text werden einige Gründe genannt, warum für manche japanische Jugendliche das Handy besonders wichtig ist. Nenne zwei dieser Gründe.

a. _____

b. _____

11 Welcher der folgenden Sätze gibt die Meinung des Internetexperten Masashi Yasukawa wieder? Kreuze die richtige Antwort an.
- a. Hinter den Handy-Displays liegt eine schaurige Welt.
- b. Jugendliche fühlen sich durch ihr Handy sicherer.
- c. Viele Jugendliche brauchen ihr Handy als Erkennungszeichen.
- d. Unglückliche Jugendliche schicken viele E-Mails.

12 Deute folgende Skizze, indem du dich auf mehrere Aussagen aus dem Text beziehst.

13 Abschnitt 1 ist durch Fettdruck hervorgehoben. Welchen Grund hat das?
Kreuze die richtige Antwort an.

- **a.** Der Leser bekommt die wichtigsten Personen kurz vorgestellt und muss nicht den ganzen Artikel lesen.
- **b.** Der Artikel wird nur dann verständlich, wenn man diesen Abschnitt vorher genau gelesen hat.
- **c.** Der Abschnitt weist auf die wichtigsten Inhalte des gesamten Artikels hin und soll neugierig machen.
- **d.** Der Abschnitt soll das Schriftbild des Textes abwechslungsreicher machen.

14 Nimm Stellung zu folgender Aussage: „*Der Text ist sehr einseitig. Er handelt nur von den Nachteilen des Handy-Gebrauchs.*" Beziehe dich dabei auf mehrere Aspekte aus dem Text.
Meine Stellungnahme:

_____
_____
_____
_____
_____
_____
_____
_____
_____
_____
_____
_____
_____
_____

Thema	Erzählung „Mein erster Achttausender" von Malin Schwerdtfeger
Aufgabentyp	**Der zweite Prüfungsteil** umfasst zwei Wahlthemen, von denen nur eines zu lösen ist. **Wahlthema 1:** Analyse und Interpretation eines literarischen Textes (hier: Erzählung)

Zweiter Prüfungsteil

Der zweite Prüfungsteil enthält **zwei Wahlthemen**,
aus denen **eines** von dir ausgewählt und bearbeitet werden muss!

Wahlthema 1

Aufgabenstellung

1 **Analysiere** den Auszug aus der Erzählung „Mein erster Achttausender" von Malin Schwerdtfeger.

   Gehe dabei so vor:
   - **Formuliere** eine Einleitung (Autor, Titel, Erscheinungsjahr, Thema).
   - **Gib** den Inhalt kurz **wieder**.
   - **Untersuche** das Verhältnis von Mutter und Tochter. **Erläutere** dabei, wie sie sich in den verschiedenen Situationen (in der Nacht, am anderen Tag) verhalten und wie sie aufeinander reagieren. **Benenne** hierbei sprachliche und formale Mittel und **erläutere**, wie sie die inhaltlichen Aussagen unterstützen.

2 Schülerin Annika sagt: *„Ich finde das Verhalten der Tochter bewundernswert."*
   Nimm Stellung zu der Frage, ob Annika mit dieser Einschätzung recht hat.
   Begründe deine Meinung und beziehe dich dabei auf den Text.

Malin Schwerdtfeger: Mein erster Achttausender (Textauszug)

Die jugendliche Erzählerin lebt bei ihren Eltern. Die Mutter schreibt Reiseführer für den Verlag „Trekking[1] Guides" und reist deshalb oft in ferne Länder.

Wieder einmal kam Mama nachts zurück. Sie beugte sich über mich, küßte mich zwischen die Augen, und mir wurde schlecht von ihrem Geruch nach ranziger Yakbutter[2], nach Qualm und verdorbenem Magen. Noch halb im Schlaf tippte ich auf Tibet oder Nepal. [...]
Am nächsten Morgen saß sie am großen Tisch im Eßzimmer und rührte Gerstenmehl in ihren Tee.
„Morgen, Schätzchen", sagte sie, als ich hereinkam, „ist es nicht längst Zeit für die Schule?"
„Wir haben Ferien", sagte ich. Ich begann im Eßzimmer herumzulaufen und ihre Sachen aufzusammeln, die sie in der Nacht einfach überall hingeschmissen hatte. Matschverkrustete Goretex-Klamotten[3], Alutöpfe mit angetrockneten Gerstenbreiresten, ein Spezialkocher, die Fotoausrüstung und ihre stinkenden Bergschuhe waren über das ganze Zimmer verteilt. Immerhin hatte sie es noch geschafft, ihren Schlafsack draußen über das Verandageländer zu hängen. Er war bestimmt voller Läuse.
Ich schleppte alles hinaus auf die Veranda. Nur mit dem Kochgeschirr lief ich ins Badezimmer. Ich stellte es in die Wanne und ließ heißes Wasser darüberlaufen. „Setz dich hin", sagte Mama, als ich zurück ins Eßzimmer kam. Sie zeigte auf den Stuhl neben sich.
„Hast du etwas mitgebracht, wovon ich wissen sollte?", fragte ich und setzte mich ans entgegengesetzte Ende des Tisches. „Läuse, Krätze, Ruhr, Dengue-Fieber[4]?"
„Ich glaube nicht", sagte Mama. „Nur Blasen an den Füßen."
Ich rückte ein paar Stühle weiter vor.
Ich trank meinen Kakao und sah zu, wie sie ihren Tee schlürfte. Sie hatte einen Klumpen Yakbutter in einer schmierigen Plastiktüte vor sich liegen. Davon drehte sie mit den Fingern kleine Stückchen ab, warf sie in den Tee und rührte um, bevor sie den Tee trank.
„Mama", sagte ich schließlich, „wir müssen dir die Haare waschen!"
Während ich fast eine ganze Flasche Pfirsichöl-Pflegespülung in ihre verfilzte Matte einmassierte, erzählte Mama ungefragt von Steinschlägen am Annapurna[5], Überschwemmungen im Rolwalingtal und Schneestürmen in Solo Khumbu. Sie erzählte von den Wäldern Osttibets, wo es Blutegel regnet, von chinesischen Dorfgefängnissen und betrunkenen Polizisten, von Bussen, die in tiefen Schluchten zerschellen, und von den schwarzgefrorenen Gesichtern der Bergsteiger, die in den verrotteten Absteigen von Lukla im Everest-Gebiet auf ihren Rückflug nach Kathmandu warten. Sie erzählte davon, wie die Höhenkrankheit ihr Gehirn aufweiche, als sie versuchte, den Pumori zu besteigen, und von der dünnen Luft des Himalaja, die das Blut träge macht und an der sich die Lungen wundatmen.
Zwei Stunden später hatte ich den letzten Knoten aus ihren Haaren gekämmt und alle Blasen an ihren Füßen aufgestochen und desinfiziert. Dann war Mama wieder so müde, daß sie sich aufs Sofa legte und sofort einschlief.
Das Telefon klingelte. Es war Arne von *Trekking Guides*.
„Hallo", sagte Arne. „Ist sie da?"
„Sie schläft", sagte ich, „und will nicht gestört werden. Schon gar nicht von euch."
„Sie soll nicht so viel schlafen, lieber schreiben", sagte Arne. Ich legte einfach auf.

Malin Schwerdtfeger: Mein erster Achttausender. [Aus: „Leichte Mädchen" von Malin Schwerdtfeger © 2001 by Verlag Kiepenheuer & Witsch, Köln]

Der Text ist in alter Rechtschreibung verfasst.

[1] Trekking: besondere Form des Wanderns, bei der lange Strecken mit Gepäck zurückgelegt werden, über einen längeren Zeitraum und unter einfachen Bedingungen
[2] Yakbutter: Butter von der Milch eines asiatischen Rindes, die in Tibet und Nepal zum Salzen von Tee genutzt wird
[3] Goretex-Klamotten: hier: wetterfeste Kleidung
[4] Krätze, Ruhr, Dengue-Fieber: Infektionskrankheiten; werden oft aufgrund mangelnder Hygiene verbreitet
[5] Dieser und die weiteren Namen dieses Absatzes beziehen sich auf Gebirge bzw. Regionen in Nepal und Tibet.

Thema	Einführung einer „Laptop-Klasse" (Argumentation)
Aufgabentyp	**Der zweite Prüfungsteil** umfasst zwei Wahlthemen, von denen nur eines zu lösen ist. **Wahlthema 2:** Textproduktion (Brief schreiben)

Wahlthema 2

An deiner Schule wird diskutiert, ob eine „Laptop-Klasse" eingeführt wird, in der in allen Fächern der Laptop während des Unterrichts genutzt wird. Dazu müssten alle Schülerinnen und Schüler einen Laptop mit Internet-Zugang besitzen oder gegen Gebühr von der Schule ausleihen. In Fällen, in denen es notwendig ist, hat der Förderverein zugesagt, die Gebühr zu übernehmen.

Die Elternpflegschaft[1] ist zu dem Schluss gekommen, hierzu die Meinung der Schülerinnen und Schüler einzuholen. Sie fordert sie deshalb auf, Briefe an die Elternpflegschaftsvorsitzende, Frau Weigand, zu schreiben.

Für deinen Brief hast du schon vorgearbeitet und stichpunktartig notiert, welche Argumente in deiner Schule zu diesem Thema diskutiert werden. Eine eigene Meinung hast du dir auch schon gebildet.

ABER: Nicht alle Stichpunkte aus der Liste **sind geeignet**, um Frau Weigand von deiner Meinung zu überzeugen.

1. abwechslungsreicher Unterricht durch stets verfügbare unterschiedliche Informationsquellen
2. Bevorzugung der Schüler und Schülerinnen aus der „Laptop-Klasse"
3. Lernen von ernsthafter, sachbezogener Mediennutzung
4. geringere Aufmerksamkeit auf Rechtschreibung und Grammatik durch Nutzung der Korrekturprogramme
5. schulische Laptops nicht auf dem neuesten technischen Stand
6. Vorbereitung auf Berufswelt bzw. Studium
7. Förderung von Selbstständigkeit durch individuelle Nutzung von Quellen und Programmen
8. interessante Pausenbeschäftigung
9. erhöhte Kosten
10. vielfältige Bearbeitungs- und Präsentationsmöglichkeiten von Arbeitsergebnissen
11. Ablenkung vom Unterricht, Problem der Kontrolle für Lehrkraft
12. Zeitverlust durch technische Probleme
13. _____
14. _____

[1] Elternpflegschaft: Vertreterinnen und Vertreter der Elternschaft an der Schule

Aufgabenstellung

1 Erledige folgende Vorarbeiten, bevor du den Brief an Frau Weigand schreibst.

   a. Prüfe die Stichpunkte der oben stehenden Liste gründlich auf ihre Richtigkeit und ihre Überzeugungskraft.

   b. Wähle gezielt die drei Stichpunkte aus, die du als Grundlage für deine Argumentation am überzeugendsten findest. Falls in der Liste ein deiner Meinung nach wichtiger Gedanke fehlt, kannst du ihn ergänzen. Trage die Nummern der von dir ausgewählten Stichpunkte in die folgende Tabelle ein und begründe die Auswahl.

   Ich bin

      ☐ für die Einführung einer „Laptop-Klasse".
      ☐ gegen die Einführung einer „Laptop-Klasse".

Meine Auswahl	Warum hältst du den ausgewählten Stichpunkt für besonders geeignet, um Frau Weigand von deiner Meinung zu überzeugen?
Nr.	
Nr.	
Nr.	

   c. In deinem Brief sollst du das wichtigste Argument der Gegenseite zurückweisen. Wähle dazu einen Stichpunkt aus und begründe deine Entscheidung.

Meine Auswahl	Warum muss gerade dieser Stichpunkt der Gegenseite unbedingt entkräftet werden?
Nr.	

2 **Verfasse auf der Grundlage deiner Vorarbeiten** einen Brief an Frau Weigand. Dein Ziel ist es, sie von deiner Meinung zu überzeugen.

Gehe dabei folgendermaßen vor:
- Formuliere eine Einleitung, in der du den Grund des Schreibens und deine Position verdeutlichst.
- Begründe deine Position: Erweitere die ausgewählten Stichpunkte zu Argumenten, indem du sie näher erläuterst und/oder sie durch Beispiele veranschaulichst.
- Entkräfte das von dir gewählte Gegenargument.
- Bringe die Argumente in eine sinnvolle Abfolge und beziehe das Gegenargument angemessen ein.
- Formuliere einen Schluss, in dem du noch einmal bei der Elternpflegschaftsvorsitzenden für deine Position wirbst.

Berücksichtige bei deinen Ausführungen, an wen dein Brief adressiert ist.

Grünes Licht für die Prüfung

Mittlerer Schulabschluss
Zentrale Prüfungen
Nordrhein-Westfalen
im Überblick

Zentrale Prüfungen, Typ B	ISBN 978-3-06
Training Deutsch	150003-0
Training Englisch mit CD-ROM	150033-7
Training Mathematik	150018-4
Originalprüfungen Deutsch	150004-7
Originalprüfungen Englisch mit CD-ROM	150034-4
Originalprüfungen Mathematik	150019-1

Informieren Sie sich unter der Nummer 0180 12 120 20 (3,9 ct/min. aus dem Festnetz der Dt. Telekom) oder in unserem Onlineshop: www.cornelsen-shop.de

MITTLERER SCHULABSCHLUSS
ZENTRALE PRÜFUNGEN 2010

Training

DEUTSCH

Lösungen
NORDRHEIN-WESTFALEN

Realschule | Gesamtschule | Typ B

Kapitel I	Startklar für die Prüfung	2
Kapitel II	Literarische Texte	2
Kapitel III	Sachtexte	9
Kapitel IV	Kreative Textproduktion	19
Kapitel VI	Prüfungsaufgaben 2009	28

Kapitel I Startklar für die Prüfung

Textmerkmale

a. Nachricht
b. Ballade
c. Leserbrief
d. Fabel
e. Kommentar
f. Kurzgeschichte
g. Glosse
h. Bericht
i. Märchen
j. Sonett

Kapitel II Literarische Texte

Übung 1: Im Spiegel (Margret Steenfatt)

Schritt 1: Inhaltsangabe

1.1 Welche der Aussagen erfasst am besten, worum es in der Kurzgeschichte geht? Kreuze an!

  X f. Achim befindet sich in einer schwierigen Phase des Erwachsenwerdens und hat Konflikte mit sich selbst und anderen.

1.2 Einleitungssatz der Inhaltsangabe
In der Kurzgeschichte „Im Spiegel" von Margret Steenfatt geht es um einen Jugendlichen, der sich in einer schwierigen Phase seines Lebens befindet und Konflikte mit sich selbst und anderen hat.

2.1 Vorbereitung der Inhaltsangabe
Zeile 12–29: Er betrachtet sein Gesicht im Spiegel und nimmt sich selbst als langweilig und eintönig wahr.
Zeile 30–45: Bemalung des Spiegelbildes zu einer farbigen (bunten) Maske, die stellvertretend für die gewünschte Sicht der Eltern steht.
Zeile 46–60: Achim vergleicht die Maske mit seinem tatsächlichen Gesicht und entscheidet, dass er so sein will, wie er ist, indem er das aufgemalte Bild zerstört. Als Bestätigung trifft er sich mit seinen Freunden.

3.1 Lösungsvorschlag Inhaltsangabe
In der Kurzgeschichte „Im Spiegel" von Margret Steenfatt geht es um einen Jugendlichen, der sich in einer schwierigen Phase seines Lebens befindet und Konflikte mit sich selbst und anderen hat. Achim hat verschlafen und wird mit Vorwürfen konfrontiert. Er betrachtet sein Gesicht im Spiegel und nimmt sich selbst als langweilig und eintönig wahr. Er holt sich unterschiedliche Farben und bemalt das Spiegelbild zu einer farbigen Maske, die stellvertretend dafür steht, wie seine Eltern ihn gern hätten. Achim vergleicht die Maske mit seinem tatsächlichen Gesicht und entscheidet, dass er so sein will, wie er ist, indem er das aufgemalte Bild zerstört. Als Bestätigung trifft er sich mit seinen Freunden.

Schritt 2: Hauptteil erstellen

1.1 Allwissender / auktorialer Erzähler

1.2 Allgemein
- ☒ Die Geschichte wird chronologisch erzählt.
- ☒ Die Erzählerin verwendet Zeitformen der Vergangenheit.

2.1 Achim

2.2 Mit „sie" werden wahrscheinlich seine Eltern gemeint sein, da sie ihn mit Vorwürfen konfrontieren und mit ihm zusammenwohnen (Z. 1–6). Am Schluss handelt es sich vermutlich um Freunde, mit denen er sich trifft.

2.3 Das Verhältnis Achim – Eltern scheint gespannt zu sein, da sie ihn mit einem Nichtsnutz vergleichen und er darauf mit Rückzug reagiert. Zu „seinen Leuten" scheint er ein freundschaftliches Verhältnis zu haben.

2.4 Er nimmt sich selbst eher als farblos und blass (nicht außergewöhnlich) wahr.

2.5 Die Idee kommt ihm spontan beim Betrachten seines Gesichtes, das er als blass empfindet. Durch die Vergleiche mit einem Nichts durch seine Eltern versucht er sich mit der bunten Farbe so zu gestalten, wie ihn seine Eltern gern hätten.

2.6 Achim erkennt, dass es sich um eine Maske handelt, die nichts mit seinem tatsächlichen Gesicht, mit ihm, zu tun hat. Auch wenn dieses blass und farblos ist, ist es doch seines und er steht dazu und lehnt die Spiegelmaske durch die Zerstörung ab.

3.1

Sprachliche Gestaltung	Inhalt / Wirkung
Wiederholung des Wortes „sie" (Z. 1/3)	Herstellen einer gewissen Anonymität, aber es handelt sich um Menschen in Achims Umgebung, seine Eltern
Metapher (Z. 13–14)	Wirkung von Musik als Kontrast zu seiner aktuellen Stimmung
Reflexive Verben (Z. 7, 16, 20, 21, 35, 59)	Verdeutlichung des inneren Antriebes Achims und seiner Aktivitäten (= Steigerung der Handlung)
Metapher „glanzlos" (Z. 18)	Die Selbstsicht als farblos wird deutlich gemacht.
Vergleich „wie ein Spuk" (Z. 48)	Kontrast zwischen Wirklichkeit und dem gewünschten Bild wird veranschaulicht.
Metapher „seine Leute" (Z. 60)	Emotionale Zusammengehörigkeit / Vertrautheit

4.1 In einer Kurzgeschichte …
- ☒ … wird eine alltägliche Situation dargestellt.
- ☒ … wird häufig eine kurze Momentaufnahme oder eine besonders konfliktreiche Lebenssituation dargestellt.
- ☒ … stehen meist wenige Personen, um die es geht, im Mittelpunkt.
- ☒ … bleibt der Schluss meist offen, wodurch der Leser / die Leserin zum Nachdenken angeregt wird.
- ☒ … bleibt der Anfang unvermittelt, das heißt, der Leser / die Leserin wird direkt in die Situation versetzt, ohne eingeführt zu werden.
- ☒ … findet sich eine einfache und alltägliche Sprache, die gut verständlich ist.

4.2 Merkmale einer Kurzgeschichte

In der Kurzgeschichte „Im Spiegel" wird ein für diese Textart typisches Merkmal aufgezeigt, nämlich dass nur wenige Personen, um die es geht, im Mittelpunkt stehen. Hier ist es sogar nur eine Person, Achim. Eine alltägliche Situation wird dargelegt, da ein Konflikt mit den Eltern in einem gewissen Alter zum Alltag gehört und nicht außergewöhnlich ist. Dass Achims Situation eine konfliktreiche ist, sieht man ganz deutlich, da ihm seine Eltern nur Vorwürfe machen und er mit sich selbst auch einen kurzen Moment nicht im Reinen ist. Die Leserinnen und Leser erfahren nichts über Hintergründe oder Geschehnisse vor dieser Momentaufnahme, sondern werden unvermittelt in das Geschehen „gesetzt". Ein offener Schluss regt zum Nachdenken an, da man nicht erfährt, wie sich die Spannungen zwischen Achim und seinen Eltern weiterentwickeln. Die für eine Kurzgeschichte übliche einfache und alltägliche Sprache macht es den Leserinnen und Lesern leicht, die Geschichte zu verstehen.

Schritt 3: Schluss verfassen

1.1

Gut gefallen könnte dir z. B.:	Nicht so gut gefallen hat dir vielleicht:
▪ Kürze der Geschichte ▪ nachvollziehbare Thematik ▪ verständliche Sprache ▪ Entscheidung Achims ▪ …	▪ fehlende Hintergründe ▪ offener Schluss ▪ …

1.2 Lösungsvorschlag Schluss

Mir hat das Thema der Kurzgeschichte gut gefallen. Viele kennen es, wenn den Eltern nichts recht ist, was das Kind macht und sie es anders haben wollen. Deswegen finde ich auch Achims Entscheidung, sich nicht verbiegen zu lassen, wirklich stark. Allerdings hätte ich gern erfahren, wie der weitere Umgang mit den Eltern aussieht.

Gliederung und Aufsatz

Lösungsvorschlag Interpretation der Kurzgeschichte

(*Einleitung:*) In der Kurzgeschichte „Im Spiegel" von Margret Steenfatt geht es um einen Jugendlichen, der sich in einer schwierigen Phase seines Lebens befindet und Konflikte mit sich selbst und anderen hat. Achim hat verschlafen und wird mit Vorwürfen konfrontiert. Er betrachtet sein Gesicht im Spiegel und nimmt sich selbst als langweilig und eintönig wahr. Er holt sich unterschiedliche Farben und bemalt das Spiegelbild zu einer farbigen Maske, die stellvertretend dafür steht, wie seine Eltern ihn gern hätten. Achim vergleicht die Maske mit seinem tatsächlichen Gesicht und entscheidet, dass er so sein will, wie er ist, indem er das aufgemalte Bild zerstört. Als Bestätigung trifft er sich mit seinen Freunden.

1.1 (*Hauptteil:*) Die Kurzgeschichte wird aus der Perspektive des auktorialen Erzählers geschrieben, wodurch die Leserinnen und Leser auch die Gedanken und Gefühle der Hauptperson nachvollziehen können. Zudem läuft die Handlung chronologisch ab und es werden die Zeitformen der Vergangenheit verwendet. Die Hauptperson der Geschichte ist der Jugendliche Achim, der mit Vorwürfen seiner Eltern konfrontiert wird, ein Nichtsnutz und Nichtskönner zu sein. Dies wird durch die siebenfache Wiederholung des Wortes „nichts" in den ersten drei Zeilen deutlich. Ebenso wird von der Autorin das Wort „sie" wiederholt (Z. 1, 3), was eine gewisse Anonymität darstellen soll, obwohl klar ist, dass es sich um Achims Eltern handeln muss, da sie mit ihm in einer Wohnung leben.

Achim macht sich Gedanken über das, was die Eltern zu ihm gesagt haben und betrachtet zunächst seine Umgebung, die für ihn trostlos ist. Dies verdeutlichen auch die Metaphern (Z. 9–11). Seine schlechte Stimmung könnte nur mit Musik verbessert werden, wie die Metapher (Z. 13–14) klarmacht. Trotzdem wird Achim aktiv. Der innere Antrieb und der chronologische Ablauf seiner Aktivitäten werden sprachlich durch die vielen Aufzählungssätze (z. B. Z. 15–16) und die reflexiven Verben untermauert. Zunächst betrachtet Achim sein eigenes Gesicht im Spiegel, das er selbst farblos und blass findet. Dies wird durch die Metapher „glanzlos" (Z. 18) verstärkt. Das Malen der bunten Spiegelmaske, die stellvertretend dafür steht, wie die Eltern ihn gern hätten, steigert die Handlung. Als Achim aber sein eigenes Gesicht mit dieser Maske vergleicht, wird der Kontrast zwischen Wirklichkeit und gewünschtem Bild mithilfe des Vergleichs (Z. 48) überdeutlich. Achim erkennt, dass es sich um eine Maske handelt, die nichts mit ihm oder seinem wirklichen Gesicht zu tun hat. Durch das Zerschlagen der Spiegelmaske wird die Entscheidung, zu sich selbst zu stehen, hervorgehoben. Wie als Bestätigung trifft er sich anschließend mit Freunden, die die Metapher „seine Leute" (Z. 60) als vertraut zeichnet.

(*Schluss:*) Mir hat das Thema der Kurzgeschichte gut gefallen. Viele kennen es, wenn den Eltern nichts recht ist, was das Kind macht und sie es anders haben wollen. Deswegen finde ich auch Achims Entscheidung, sich nicht verbiegen zu lassen, wirklich stark. Allerdings hätte ich gern erfahren, wie der weitere Umgang mit den Eltern aussieht.

Übung 2: Willkommen und Abschied (J. W. v. Goethe)

Schritt 1: Vorarbeiten

1.2 Reimschema und Reimarten
  ☒ **e.** Pro Strophe werden vier Kreuzreime mit dem Reimschema ababcdcd verwendet, wobei in Strophe 1 der c-Kreuzreim, in Strophe 3 der a- und c-Kreuzreim und in Strophe 4 der d-Kreuzreim unsauber sind.

1.4 Kadenzen
  ☒ **b.** Die a- und c-Kreuzreime besitzen eine weibliche Kadenz.
  ☒ **c.** Die b- und d-Kreuzreime sind männlich.

1.6 Metrum
  ☒ **b.** In dem Gedicht findet sich als Metrum der Jambus (unbetont – betont).

1.7 Erzählperspektive
  ☒ **a.** Das Gedicht wird aus der Perspektive des lyrischen Ichs erzählt.

1.8 Tempus
  ☒ Die Erzählzeit ist die Vergangenheit (Präteritum) mit einer Ausnahme in Strophe 4, Vers 2. Hier wird in der Gegenwart geschrieben.

2.1 1 – e, 2 – b, 3 – a, 4 – f, 5 – g, 6 – c, 7 – h, 8 – d

2.2 Stilmittel
Metapher: Strophe 1 (V. 3/4 wiegte schon die Erde, an den Bergen hing die Nacht), Strophe 2 (V. 3 u. 5 schwangen leise Flügel, schuf tausend Ungeheuer), Strophe 3 (V. 3/4 u. 5 war mein Herz auf deiner Seite und jeder Atemzug für dich), Strophe 4 (V. 2 u. 6 verengt der Abschied mir das Herz, sahst mir nach mit nassem Blick)
Personifikation: Strophe 1 (V. 7/8 wo Finsternis aus dem Gesträuche mit hundert schwarzen Augen sah), Strophe 2 (V. 1/2 Der Mond sah kläglich aus dem Duft hervor)

Anruf: Strophe 1 (V. 1 Es schlug mein Herz, geschwind zu Pferde!), Strophe 2 (V. 7 u. 8 In meinen Adern welches Feuer! In meinem Herzen welche Glut!), Strophe 3 (V. 7 u. 8 Und Zärtlichkeit für mich – ihr Götter! Ich hofft es, ich verdient es nicht!), Strophe 4 (V. 3 u. 4 In deinen Küssen welche Wonne! In deinem Auge welcher Schmerz! V. 7 u. 8 Und doch, welch Glück, geliebt zu werden! Und lieben, Götter, welch ein Glück!)
Antithese: Strophe 4 (V. 3/4 Wonne – Schmerz, V. 5 ging – standst)
Anapher: Strophe 1 (V. 1/2 Es), Strophe 2 (V. 7/8 In), Strophe 4 (V. 3/4 In u. V. 6–8 Und)
Alliteration: Strophe 2 (V. 6 frisch – fröhlich)
Parallelismus: Strophe 2 (V. 7/8 In meinen Adern welches Feuer! In meinem Herzen welche Glut!), Strophe 4 (V. 3/4 In deinen Küssen welche Wonne! In deinem Auge welcher Schmerz!)
Wiederholung: Strophe 4 (V. 7 u. 8 Glück)

3.1 Stropheninhalt

Strophe 1: Ritt des lyrischen Ichs am frühen Abend zu der geliebten Person, Natur wird gespenstisch beschrieben
Strophe 2: Beschreibung des weiteren Weges durch die beginnende Nacht, die Stimmung wird schauriger
Strophe 3: Ankunft bei der geliebten Person, die liebevoll beschrieben wird
Strophe 4: Abschied der beiden am nächsten Morgen, da das lyrische Ich geht, was beide schmerzt

Schritt 2: Einleitung schreiben

1.1 Johann Wolfgang von Goethe – 1789 – Willkommen und Abschied – Liebeslyrik – Treffen zweier sich liebenden Personen – emotional

Schritt 3: Hauptteil erstellen

1.1 Formale Aspekte

4 Strophen – 8 Versen – 4 Kreuzreime – ababcdcd – Strophe 1 beim c-Kreuzreim, in Strophe 3 beim a- und c-Kreuzreim und in Strophe 4 beim d-Kreuzreim – Jambus – Ichs – Präteritum/Vergangenheit – Strophe 4 – 2

2.1 Inhaltliche Wirkung der Stilmittel

Strophe 2:
Alliteration (V. 6)	= Die gute Stimmung des lyrischen Ichs wird betont.
Anrufe, Anapher usw. (V. 7/8)	= Vorfreude/Sehnsucht – verliebt

Strophe 3:
Inhalt:	Das lyrische Ich kommt bei der geliebten Person an.
Metaphern (V. 2/3)	= Verdeutlichung der gegenseitigen Liebe
Metapher (V. 5/6)	= Verliebte Beschreibung der geliebten Person
Anrufe (V. 7/8)	= Glückszustand des lyrischen Ichs aufgrund der erwiderten Liebe

Strophe 4:
Inhalt:	der geliebten Person – Nacht
Metapher (V. 2)	= Wegen des Abschiedes ist das lyrische Ich traurig
Anrufe (V. 3/4)	= Schmerz
Metapher (V. 6)	= Person – weint
Anrufe (V. 7/8)	= Umstände – Liebe – größtes Glück

Schritt 4: Schluss verfassen

1.1 Kreuze an, was der Verfasser deiner Meinung nach mit dem Gedicht aussagen will!

    X b. Trotz schwieriger Umstände ist es das größte Glück eines Menschen, wenn er liebt und geliebt wird.

    X e. Für die wahre Liebe nimmt man auch schwierige Umstände in Kauf.

1.2 Lösungsvorschlag Hauptaussage

In meinen Augen ist die Hauptaussage des Gedichtes, dass es trotz schwieriger Umstände das größte Glück eines Menschen ist, wenn er liebt und geliebt wird. Für eine solche wahre Liebe kann man auch diese Umstände in Kauf nehmen.

2.1

Gut gefallen könnte dir z. B.:	Nicht so gut gefallen hat dir vielleicht:
▪ emotionale Stimmung des lyrischen Ichs ▪ Darstellung der Umgebung durch die vielen Naturbilder ▪ Verdeutlichung der Liebe der beiden zueinander ▪ gute Wahl der vielen rhetorischen Mittel ▪ …	▪ Aussparung der Nacht ▪ Unklarheit, ob die Liebe der beiden nicht sein darf ▪ nicht einfaches Verstehen des Gedichtes ▪ …

2.2 Lösungsvorschlag Stellungnahme

Besonders gut gefallen hat mir an dem Gedicht die emotionale Stimmung des lyrischen Ichs. Dem Autor gelingt die Darstellung der Umgebung durch die vielen Naturbilder in den ersten beiden Strophen besonders gut. Ich kann allerdings gar nicht nachvollziehen, warum die Nacht, die die beiden miteinander verbringen, ausgespart wird.

Gliederung und Aufsatz

Lösungsvorschlag Gedicht-Interpretation

(*Einleitung:*) Das von Johann Wolfgang von Goethe im Jahre 1789 überarbeitete Gedicht „Willkommen und Abschied" gehört zur Gattung der Liebeslyrik. Es handelt von dem Treffen zweier sich liebenden Personen. Der erste Eindruck nach dem Lesen und die Stimmung in dem Gedicht sind sehr emotional.

(*Hauptteil:*) Das Gedicht besteht aus 4 Strophen mit jeweils 8 Versen. Pro Strophe finden sich 4 Kreuzreime mit dem Reimschema ababcdcd. Unsauberkeiten in den Reimen sind in Strophe 1 beim c-Kreuzreim, in Strophe 3 beim a- und c-Kreuzreim und in Strophe 4 beim d-Kreuzreim vorhanden. Das verwendete Metrum ist der Jambus. Es wird aus der Perspektive des lyrischen Ichs geschrieben. Die bis auf eine Ausnahme verwendete Erzählzeit ist das Präteritum. Die Abweichung in die Gegenwart findet sich in Strophe 4, Vers 2.

In der ersten Strophe wird der Ritt des lyrischen Ichs zur geliebten Person am frühen Abend sehr stimmungsreich beschrieben. Durch den Anruf (V. 1) und die Anapher (V. 1 / 2) wird gut dargestellt, dass das lyrische Ich es eilig hat und sich körperlich anstrengt. Auch der von Goethe gewählte Jambus unterstützt dieses noch. Der anbrechende Abend als Tageszeit wird mithilfe der Metapher (V. 3 / 4) verdeutlicht. Das lyrische Ich empfindet die Umgebung als etwas unheimlich, was die Metapher (V. 5 / 6) und die verwendete Personifikation unterstützen.

Auch die zweite Strophe beschreibt den weiteren Weg des lyrischen Ichs, allerdings beginnt es nun schon Nacht zu werden. Durch die hier eingesetzte Personifikation (V. 1 / 2) und die Metaphern (V. 3 u. 5) erscheint es, als ob sich die reitende Person in der schaurigen Nacht etwas fürchtet. Trotzdem ist das lyrische Ich aber guter Stimmung, wie die alliterierten Wörter „frisch" und „fröhlich" (V. 6) erkennen lassen. Dass das lyrische

Ich zudem noch Vorfreude und Sehnsucht empfindet, zeigen die Anrufe, Metaphern, die Anapher und der Parallelismus in den letzten beiden Versen der Strophe. Es scheint sehr verliebt zu sein.

In der dritten Strophe kommt das lyrische Ich bei der geliebten Person an, was das Willkommen aus dem Titel des Gedichtes darstellt. Die Metaphern in Vers 2 und 3 lassen erkennen, dass die Liebe der beiden gegenseitig ist. In den Versen 5 und 6 wird die geliebte Person mit einer Metapher sehr verliebt beschrieben. Auch hier finden sich in den letzten beiden Versen wieder zwei Anrufe, die den Glückszustand des lyrischen Ichs aufgrund der empfangenen Liebe betonen.

Nach Aussparung der Nacht, die nicht erwähnt wird, wird in Strophe 4 die Trennung des lyrischen Ichs von der geliebten Person am nächsten Morgen dargestellt. Hier wird also der Abschied geschildert. Die Traurigkeit des lyrischen Ichs aufgrund des Abschiedes macht die Metapher im zweiten Vers deutlich. Aber auch die geliebte Person empfindet diesen als schmerzvoll, was durch die Antithese, Anaphern, die Anrufe und den Parallelismus (V. 3/4) unterstützt wird. Dass es das lyrische Ich ist, welches sich vom Ort entfernt und die geliebte Person dabei weint, machen die Antithese im fünften Vers und die Metapher im sechsten Vers der Strophe deutlich. Die Anrufe, die Anapher und vor allem die Wiederholung des Wortes „Glück" in den letzten beiden Versen der letzten Strophe zeigen, dass das lyrische Ich die gegenseitige und erwiderte Liebe trotz der schwierigen Umstände als sehr großes Glück empfindet.

(*Schluss:*) In meinen Augen ist dies auch die Hauptaussage des Gedichtes, nämlich dass es trotz schwieriger Umstände das größte Glück eines Menschen ist, wenn er liebt und geliebt wird. Für eine solche wahre Liebe kann man auch diese Umstände in Kauf nehmen. Besonders gut gefallen hat mir an dem Gedicht die emotionale Stimmung des lyrischen Ichs. Dem Autor gelingt die Darstellung der Umgebung durch die vielen Naturbilder in den ersten beiden Strophen besonders gut. Ich kann allerdings gar nicht nachvollziehen, warum die Nacht, die die beiden miteinander verbringen, ausgespart wird.

Lösungen ■ SACHTEXTE

Kapitel III   Sachtexte

Übung 1: Gerätebesitz

Schritt 1: Sich orientieren

1.1 Das Diagramm gibt den Gerätebesitz Jugendlicher im Bereich der Medien im Jahr 2006 wieder.

1.2 JIM 2006

1.3 Die Art des Diagramms ist ein Balkendiagramm.

1.4 Die Zahlenwerte an den beiden Achsen (x-Achse; y-Achse) sind in Prozent (%) angegeben.

1.5 den Gerätebesitz (*oder*: die Anzahl der Mädchen und Jungen in Prozent) – Mädchen – Jungen
Vergleichen kann ich daher:

	richtig	falsch
den unterschiedliche Gerätebesitz von Jungen und Mädchen	X	
die Veränderung des Gerätebesitzes innerhalb der letzten fünf Jahre		X
die Beliebtheit der Geräte	X	
die tägliche Dauer der Nutzung der Geräte		X

2.1 Lösungsvorschlag Einleitung
Das Balkendiagramm „Gerätebesitz Jugendlicher 2006" wurde von JIM im Jahre 2006 veröffentlicht. In dem Diagramm werden die unterschiedlichen Arten der Geräte (z. B. Handy, CD-Player, Computer) mit der Häufigkeit des Besitzes der jeweiligen Geräte bei Mädchen und Jungen in Beziehung gesetzt. Mithilfe von Prozent-Angaben bietet daher das Schaubild die Möglichkeit, den unterschiedlichen Gerätebesitz von Jungen und Mädchen und damit die Beliebtheit der Geräte zu vergleichen.

Schritt 2: Inhalte erfassen

1.1 Wo liegen die Maximalwerte?
Mädchen: Handy (94 %); CD-Player (90 %)
Jungen: Handy (89 %); MP3-Player (80 %)

1.2 Für welche Geräte werden die geringsten Werte erreicht?
Mädchen: PSP (10 %); Mini-Disc-Recorder (18 %); UMTS-Handy /-Karte (19 %)
Jungen: Mini-Disc-Recorder (11 %); PSP (13 %)

1.3 Welche Geräte befinden sich im Mittelfeld?
Mädchen: Computer / Laptop; Kassettenrecorder; Videorecorder
Jungen: Computer / Laptop; Spielkonsole

1.4 Bei welchen Geräten gibt es die größten Unterschiede zwischen Mädchen und Jungen?
Spielkonsole; Computer / Laptop

1.5 Wie groß sind die Unterschiede (Prozentangaben)?
Spielkonsole: Unterschied: 24 %; Computer / Laptop: Unterschied 18 %

1.6 Welche Geräte werden fast von genauso vielen Jungen wie auch Mädchen besessen?
Fernsehgerät: 65 % Mädchen – 64 % Jungen; DVD-Player: 41 %

2.1 Zusammenfassung

Als Erstes möchte ich genauer auf den Gerätebesitz der Mädchen eingehen. Bei den Mädchen ist der Spitzenreiter bezogen auf den Gerätebesitz mit 94 % das Handy. Mit nur vier Prozentpunkten weniger folgt der CD-Player. Im Mittelfeld findet man den Computer bzw. Laptop, den Video- und Kassettenrecorder. Weit abgeschlagen am Ende der Liste liegt die PSP mit nur 10 %. Nur geringfügig beliebter sind das UTMS-Handy und der Mini-Disc-Recorder mit jeweils 19 % bzw. 18 %.

Jetzt wende ich mich dem Gerätebesitz der Jungen zu. Hier steht mit 89 % an der Spitze der Besitz des Handys. Mit geringem Abstand folgt der MP3-Player mit 80 %. Rund die Hälfte der Jungen besitzt eine Spielkonsole und mehr als die Hälfte nennen einen Computer bzw. Laptop ihr Eigen. Schlusslicht bei den Jungen bildet mit nur 11 % der Mini-Disc-Recorder. Nur zwei Prozentpunkte mehr erreicht die PSP bezogen auf den Gerätebesitz der Jungen.

Vergleicht man jetzt allerdings den Gerätebesitz der Mädchen mit dem der Jungen, so gibt es bei dem Besitz von einigen Geräten gravierende Unterschiede aber auch einige Gemeinsamkeiten. Auffällig ist der eklatante Unterschied von 24 % bezogen auf dem Besitz einer Spielkonsole. Dieses Gerät spielt für die Jungen eine bedeutendere Rolle als für die Mädchen. Auch der Besitz von Computern weist mit 18 % einen großen prozentualen Unterschied auf. Wobei auch hier die Jungen den Spitzenreiter darstellen. Gemeinsamkeiten finden sich im Besitz des Fernsehgerätes mit nur einem Prozent ist der Unterschied beim Besitz dieses Gerätes äußerst gering. Genauso oft wie die Mädchen – 41 % – besitzen die Jungen einen DVD-Player.

Schritt 3: Aussagen bewerten

1.1 Die Aussage: „Ein eigenes Handy und auch Musikabspielgeräte wie MP3-Player, Radio, CD-Player, Kassettenrekorder und Walkman sind bei Mädchen häufiger zu finden als bei Jungen." ist richtig, weil prozentual gesehen Mädchen diese Geräte mehr besitzen als Jungen. Die einzige geringfügige Abweichung ist bei dem MP3-Player zu finden. Hier besitzen 3 % der Jungen dieses Gerät häufiger als die Mädchen.

Die Aussage: „Digitalkameras dagegen sind mehr eine Sache der Jungen." ist falsch, weil 33 % der Mädchen eine Digitalkamera in ihrem Besitz haben, aber nur 26 % der Jungen.

Die Aussage: „Mehr Mädchen als Jungen haben einen Computer und einen Internetzugang im eigenen Zimmer." ist falsch, weil 43 % der Jungen über einen eigenen Internetzugang verfügen. Die Mädchen sind mit nur 32 % weit abgeschlagen.

Die Aussage: „Jungen sind deutlich besser mit Spielkonsolen und PSP ausgestattet." ist falsch, weil in diesem Bereich auch die größten Unterschiede zwischen Jungen und Mädchen zu finden sind. Gerade im Bezug auf die Spielkonsolen besitzen fast ein Drittel der Jungen diese Geräte mehr als die Mädchen.

Schritt 4: Beurteilen

1.1 ■ Unstimmigkeiten

Mich erstaunt der relativ geringe Prozentanteil bei dem Besitz eines Fernsehgerätes. In meinem Freundes- und Bekanntenkreis bzw. in meiner Klasse verfügt fast jeder über einen Fernseher. Auch der geringe Anteil der Jugendlichen, die über einen Internetzugang verfügen, ist für mich nicht nachvollziehbar. Es könnte natürlich sein, dass in den vergangenen zwei Jahren der Prozentanteil gerade bezogen auf den Internetzugang gestiegen ist. Heutzutage kenne ich kaum noch einen Jugendlichen, der nicht im Besitz eines Internetzuganges ist. Gerade für das tägliche Chatten ist dieser unerlässlich.

■ **Ursachen**

Bezogen auf die Geschlechter zeigt dieses Diagramm sehr deutlich, dass die unterschiedlichen Interessen der Jungen und Mädchen sich auch im Gerätebesitz widerspiegeln. So zeigt sich auch hier wieder, dass die Geräte, die ein reines Spielen ermöglichen, von den Jungen wesentlich mehr begehrt werden. Dagegen bevorzugen Mädchen die technischen Geräte, die der Kommunikation dienen. Auch die technischen und kreativen Interessen lassen sich in dieser Grafik wiederfinden. Die Mädchen bevorzugen die Geräte wie z. B. die Digitalkamera, bei denen sie ihre Kreativität ausleben können.

1.2 Lösungsvorschlag Diagramm-Auswertung:
(siehe ausformulierte Textteile Schritt 1 bis Schritt 4)

Übung 2: Schulkleidung

Schritt 1: Thema erschließen

1.1 Thematik des Textes
- [X] Der Text handelt von den Vorteilen und Schwierigkeiten, die das Einführen von Schulkleidung mit sich bringt.
- [X] Der Text beschreibt Erfahrungen, die Schulen gemacht haben, an denen bereits die Schulkleidung zum Schulalltag gehört.

2.1 Struktur des Textes

1. Abschnitt
Überschrift: Entwürfe für einen Einheitslook
- vier Berufsschulen designten
- initiiert von dem Schulministerium
- Entwürfe für eine zeitgemäße Schulkleidung
- vorgestellt wurden sie auf einer Modenschau im Düsseldorfer Museum Kunstpalast

2. Abschnitt
Überschrift: Schulgesetz ermöglicht seit 2006 Schulkleidung
- die Anne Frank Realschule in Düsseldorf hat seit eineinhalb Jahren einheitliche Schulkleidung
- Schulkonferenz und alle Schülervertreter müssen zustimmen
- immer mehr Schulen folgen der Anregung

3. Abschnitt
Überschrift: Erste Erfahrungen mit der Einführung von Schulkleidung
- großer Aufwand bis zur Einführung, da ein Anbieter gefunden werden musste, der 470 Schülerinnen und Schüler einkleidet
- Kosten für die Eltern für ein ganzes Sortiment sind hoch
- Gemeinschaftsgefühl wird gestärkt
- Markendruck hat nachgelassen
- Anmeldezahlen an der Schule steigen

2.2 Lösungsvorschlag Einleitung

In dem Text „Mode für das Wir-Gefühl – Schulkleidung kommt an" erschienen in der Zeitschrift Schulzeit – Das Magazin für Eltern in Nordrhein-Westfalen, erschienen im Herbst 2008, wird die Thematik der Schulkleidung an Schulen in NRW behandelt. Dabei berichtet der Autor Andrej Priboschek zu Beginn des Textes über die Aufgabe, die vier Berufsschulen gestellt wurde. Sie sollten im Auftrag des Schulministeriums Entwürfe für eine einheitliche und zeitgemäße Schuluniform erstellen, welche sie anschließend bei einer Düsseldorfer Modenschau präsentierten. Im zweiten Abschnitt wird dargestellt, welche Möglichkeiten das neue Schulgesetz bietet. Dort wurde festgelegt, dass jede Schule sich dazu entschließen kann, einheitliche Schulkleidung einzuführen, wenn die Schulkonferenz und alle Schülervertreter zustimmten. Zum Schluss des Artikels wird über erste Erfahrungen mit der Einführung der Schuluniform berichtet. Positiv wird hier erwähnt, dass sich das Gemeinschaftsgefühl gestärkt und der sogenannte Markendruck sich verringert hätte. Die Schule sieht die gestiegenen Anmeldezahlen als positives Feedback der Schulkleidung. Schwierigkeiten bestehen bei der Anschaffung der Kleidung, die einen hohen finanziellen Aufwand für die Eltern darstellen.

Schritt 2: Argumente sortieren und beurteilen

1.2

	Pro-Argumente	Kontra-Argumente
1	Gemeinschaftsgefühl wird gestärkt	Kosten für die Eltern
2	Markendruck nimmt ab	Anbieter sind schwer zu finden
3	Anmeldezahlen steigen	Anprobe für viele Schülerinnen und Schüler

3.1

PRO	Widerlegung der Gegenseite (KONTRA) (Gründe gegen die Einführung von Schulkleidung)
Argument 1	*Argument:* Kosten für die Eltern *Widerlegung:* Die Anschaffung der Schulkleidung stellt zwar einmalig einen großen Kostenaufwand dar, aber da die Schulkleidung nicht abhängig ist von neuen Modeerscheinungen wird sie nicht unmodern und muss nicht permanent erneuert werden. *Beleg:* Heutzutage ändert sich die Mode jedes Vierteljahr. Schnell benötigen die Schüler neue Kleidungsstücke, um nicht als unmodern abgestempelt zu werden.
Argument 2	*Argument:* Anbieter sind schwer zu finden *Widerlegung:* Das Finden von Anbietern ist zwar mit Arbeit verbunden und stellt sicherlich auch eher einen neuen Markt dar, bietet aber gleichzeitig auch die Chance, vonseiten der Schule an diesem Verknüpfungspunkt ein Schülerunternehmen zu installieren. *Beleg:* Das Einholen von Angeboten, die Sichtung der einzelnen Modelle stellt ein Aufgabengebiet dar, in denen sich unterschiedliche schulische Fächer (Mathematik, Kunst, Textilgestaltung) einbringen könnten. So könnten Unterrichtsinhalte nicht nur graue Theorie bleiben, sondern würden in die Praxis umgesetzt.
Argument 3	*Argument:* Anprobe für viele Schüler *Widerlegung:* Natürlich bringt die Anprobe der neuen Schulkleidung für die gesamte Schule neue Probleme mit sich, da die Schule keine Boutique ist. Auf der anderen Seite stellt sich die Frage, ob eine Anprobe überhaupt nötig ist. *Beleg:* In Deutschland gibt es normierte Größen, an denen sich jeder Schüler orientieren kann. Gleichzeitig könnte man den Schülern die Möglichkeit bieten, die erworbene Schulkleidung zu Hause anzuprobieren und notfalls umzutauschen.

3.2

PRO	Zustimmung (PRO) (Gründe für die Einführung von Schulkleidung)
Argument 1	*Argument:* Gemeinschaftsgefühl wird gestärkt *Beleg:* Schüler Felix (12 Jahre) erzählte, dass er sich auf dem letzten Ausflug aufgrund seiner Kleidung als Mitglied der Gruppe gefühlt habe. Gerade auch für andere Besucher des Museums bildeten sie eine Gruppe und er habe sich stark gefühlt.
Argument 2	*Argument:* Markendruck nimmt ab *Beleg:* Schülerin Susanne (13 Jahre) berichtete, dass sie seit dem Einführen der Schulkleidung endlich nicht immer nur nach ihrer Kleidung beurteilt wird. Dieses ist ihr ganz deutlich geworden, als eine neue Schülerin in die Klasse gekommen ist. Aufgrund der Schulkleidung wurde sie von ihren Mitschülern nur nach ihrem Auftreten und Verhalten beurteilt und nicht wie bisher nach dem Preis ihrer Kleidung.
Argument 3	*Argument:* Anmeldezahlen steigen *Beleg:* Die Direktorin der Kleist-Hauptschule berichtete, dass seit der Einführung der Schulkleidung die Anmeldezahlen gestiegen seien.

3.3

Eigene Argumente (PRO)	Beleg
Kleidungsauswahl am Morgen wird elementar vereinfacht. (Zeitersparnis)	Oft steht die Schülerin Hannah morgens eine halbe Stunde vor ihrem Kleiderschrank und überlegt, was sie heute in der Schule tragen könnte, damit sie bei ihren Mitschülern gut ankommt.
Schulkleidung ist so entworfen, dass sie für die Schule geeignet und angemessen ist.	Da die Schüler gerne jeden aktuellen Modetrend mitmachen, kommt es vermehrt vor, dass Schülerinnen oft unangemessen gekleidet zur Schule kommen. So tragen im Sommer viele Schülerinnen bauchfreie Tops und kurze Röcke.

Eigene Argumente (KONTRA)	Beleg
Kleidung ist ein Ausdruck der eigenen Individualität.	Gerade pubertierende Jugendliche bringen mit ihrer Kleidung ihre Gefühle bezüglich der Welt der Erwachsenen zum Ausdruck. So nutzt zum Beispiel Jörg B. (Schüler, 13 Jahre) seine Kleidung, die aus zerrissenen Jeans und vielen Ketten besteht, dazu, um sich von der Welt seiner Eltern abzugrenzen und seinen eigenen Weg zu gehen – seine eigene Individualität zu entwickeln.
Zusammenstellung der Kleidung bietet Möglichkeiten, die eigene Kreativität zu entfalten.	Für viele Mädchen ist das Thema Mode zum Hobby geworden. Durch die Medien beschäftigen sie sich mit den neuesten Modetrends, kreieren sie mit ihren eigenen Kleidungsstücken nach oder versuchen verschiedene Modeerscheinungen miteinander zu verknüpfen. Nicht selten ist dies der Einstieg um selbst kreativ zu werden, eigene Kleidungsstücke zu entwerfen und diese dann auch zu nähen.

Schritt 3: Schluss schreiben

1.1 Lösungsvorschlag Schluss (pro Schulkleidung)
Aufgrund der ausführlich dargestellten Pro- und Kontraargumente fühle ich mich in meiner Meinung bestätigt, dass Schulkleidung für mich sehr sinnvoll ist. Gerade das Argument, dass durch die Schulkleidung der Markendruck bei den einzelnen Schülerinnen und Schülern abnimmt, war für mich ausschlaggebend, da dies zur Folge hat, dass weniger soziale Unterschiede im Schulvormittag zum Tragen kommen und so auch die Möglichkeit des Mobbens aufgrund von Kleidung nicht mehr gegeben ist. An dieser Stelle kann ich nur an alle Schüler, Eltern und Lehrer appellieren, sich für die Einführung von Schulkleidung zu engagieren.

Schritt 4: Ausführlich Stellung beziehen

1.1 Argumente der Gegenseite (kontra Schulkleidung) widerlegen
Es kann nicht sein, dass die Einführung der Schulkleidung aus Kostengründen nicht stattfindet. Zwar stellt die Anschaffung der Schulkleidung einmalig einen großen Kostenaufwand dar, aber da die Schulkleidung nicht abhängig von neuen Modeerscheinungen ist, muss sie nicht permanent erneuert werden. So ist es beispielsweise heutzutage in der Modebranche so, dass die großen Labels jedes Vierteljahr einen neuen Modetrend auf den Markt bringen, um die Jugendlichen zum Kaufen der neuen Trends zu animieren. Gerade auch die Medien unterstützen diese Schnelllebigkeit der Mode und damit die Wirtschaft. Welches Mädchen oder welcher Junge will sich in der Schule sagen lassen, dass seine Jeans uncool und vollkommen out ist. Bedingt durch die einheitliche Schulkleidung könnte ich also dem Zwang, immer die modernsten Kleidungsstücke besitzen zu müssen, obwohl der Kleiderschrank noch bis oben hin gefüllt ist, aus dem Wege gehen.
Für mich ist es auch sehr zweifelhaft, dass sich kein Anbieter für Schulkleidung finden würde. Vielmehr sehe ich hier eine Marktlücke, die gerade für die Schule im Bereich der Schülerunternehmen große Möglichkeiten bietet. Das Einholen von Angeboten, die Sichtung der einzelnen Modelle stellt ein Aufgabengebiet dar, in das sich unterschiedliche schulische Fächer einbringen könnten. So würde die Einführung einer Schuluniform endlich einmal ein praxisorientiertes Unterrichtsbeispiel sein, welches sich in der Realität umsetzen ließe.

2.1 Eigene Argumente ausformulieren (pro Schulkleidung)
Ich stehe auf dem Standpunkt, dass durch die Schulkleidung das Gemeinschaftsgefühl gestärkt wird. Dies bestätigt auch der Schüler Felix (12 Jahre), der sich aufgrund der Schulkleidung direkt seiner Gruppe zugehörig gefühlt habe. So berichtet er, dass er sich auf dem letzten Ausflug aufgrund seiner Kleidung als Mitglied der Gruppe gefühlt habe. Gerade auch für andere Besucher des Museums bildeten sie eine Gruppe und er habe sich stark gefühlt. Weiterhin steht es fest, dass der Markendruck abnimmt. Bedingt durch die einheitliche Kleidung bietet sich überhaupt kein Anlass, die Kleidung der Mitschüler zu beurteilen. Leider gehört es zum Schulalltag, dass Schüler und Schülerinnen nicht nach ihrem Können und ihrem Charakter, sondern nach dem Preis ihrer Kleidung beurteilt werden. Ohne Zweifel würde die Schulkleidung ein solches Verhalten verhindern.

Übung 3: Ist ein reguläres MP3-Verbot in der Schule sinnvoll?

Schritt 1: Sachverhalt erschließen, Karikatur beschreiben und deuten

1.1 Schüler stehen in Gruppen und vereinzelt auf dem Schulhof; es scheint gerade Pause zu sein; es findet keine Unterhaltung statt; die Schüler haben alle Kopfhörer auf den Ohren und hören jeder für sich Musik.

1.2 Übertrieben ist, dass die Schüler alle Musik hören. Jeder Schüler besitzt einen MP3-Player oder Walkman. Dieses entspricht nicht der Realität. Die Schüler sind nicht an einer Unterhaltung interessiert, sondern legen nur Wert auf das Hören der Musik. Auch dies ist übertrieben. Zwar würden einige Schüler gerne Musik hören, viele sind aber daran interessiert, sich auszutauschen, über Unterrichtsstunden zu reden bzw. Neuigkeiten zu bereden. Gerade jüngere Schüler lieben es, sich in der Pause zu bewegen und nicht nur mit dem Kopfhörer in einer Ecke des Schulhofes zu stehen.

1.3 Die Bildunterschrift unterstreicht noch einmal deutlich die Diskrepanz zwischen der Vernachlässigung der Kommunikation aufgrund des Musikhörens und der wichtigen Rolle der Kommunikation, die zwischen den Schülern in den Pausen stattfindet. Dies geschieht, indem die Bildunterschrift das Verhalten der Schüler in der Karikatur als Unterhaltung bezeichnet.

1.4 Der Zeichner/die Zeichnerin möchte kritisieren, dass durch die neuen Medien, z. B. MP3-Player, die Kommunikation unter den Jugendlichen immer mehr in den Hintergrund gerät und somit verarmt. Viele Jugendliche nutzen die Chance, sich in die Welt der Musik zurückzuziehen und der Realität aus dem Weg zu gehen. Gerade am Schulvormittag ist es für die Schüler elementar, sich mit ihren Mitschülern über Probleme, Neuigkeiten, familiäre Angelegenheiten auszutauschen.

2.1 Lösungsvorschlag Einleitung
Mit der Karikatur möchte der Zeichner/die Zeichnerin das Verhalten der Schüler während der Pausen kritisieren. An dem Verhalten der Schüler wird ihre Kommunikationslosigkeit beanstandet. Dieser Missstand wird deutlich, indem Nachfolgendes übertrieben dargestellt wird: In einer Schulpause unterhalten sich die Schüler auf dem Schulhof nicht, sondern sie hören nur mit den MP3-Playern Musik. Passend dazu gestaltet sich auch die Bildunterschrift. Sie besagt, dass viele Jugendliche dieses „Musikhören" als Unterhaltung empfinden.

Schritt 2: Argumente sortieren und beurteilen

2.1

pro MP3-Verbot	kontra MP3-Verbot
■ Gerade in den Pausen soll man sich bewegen und nicht nur auf dem Schulhof stehen und Musik hören. ■ Die Schüler, die keinen MP3-Player haben, werden ausgeschlossen. ■ Es findet keine Kommunikation mehr unter den Schülern statt. ■ Die Gefahr, dass die MP3-Player geklaut werden, ist durch das Mitbringen der Geräte vermehrt gegeben. ■ Gemeinsame Ball- und Klassenspiele, die die Klassengemeinschaft stärken, finden nicht mehr statt. ■ Die permanente Benutzung des MP3-Players kann Hörschäden verursachen.	■ Mit Musik kann man sich in den Pausen besser erholen (chillen). ■ Man kann Musik austauschen. ■ Es gibt in den Pausen weniger Streitigkeiten, da ja jeder Musik hört. ■ Ich kann mich in den Pausen besser auf die nächste Stunde vorbereiten, wenn ich Musik höre.

2.2

eigene Argumente	
■ Lehrer haben nicht die Möglichkeit zu kontrollieren, inwiefern die Schüler verbotene Musik hören. ■ Schüler sind in Notfällen schneller erreichbar. ■ Es kann dazu kommen, dass illegal Musik ausgetauscht wird.	■ Das Rhythmusgefühl der Schüler wird gestärkt und unterstützt.

2.3 Ist ein reguläres MP3-Verbot in der Schule sinnvoll?

✗ Ja

2.4

	Argumente (pro MP3-Verbot)	Beleg
1	Es findet keine Kommunikation mehr unter den Schülern statt.	Schüler jeden Alters nutzen die Phasen der Pause zu Gesprächen über den Schulvormittag, über Neuigkeiten im Privatleben. Gerade in unserer Gesellschaft, in der die Eltern oft nicht zu Hause sind, wenn die Kinder von der Schule kommen, ist es wichtig, sich am Schulvormittag auszutauschen und nicht schon dort zu verstummen. Schüler M. berichtet, dass das schönste am Schulvormittag die Pausen sind, in denen man sich über Probleme mit den Mitschülern austauschen kann.
2	Gerade in den Pausen soll man sich bewegen und nicht nur auf dem Schulhof stehen und Musik hören.	Schüler der unteren Klassen brauchen die Bewegung in den Pausen. Viele Schulen bieten den Schülern schon im Rahmen von Projekten – wie „bewegte Pause" – Spielgeräte an, um einen Ausgleich zum monotonen Sitzen zu schaffen. So ist es vielen Schülern wieder möglich, nach einer Pause voller Bewegung wieder zur Ruhe zu kommen, um sich auf die nächsten Stunden zu konzentrieren. Schülerin S., Klasse 6, sagt, sie sei nach zwei Unterrichtsstunden zu aufgedreht, weshalb sie sich in den Pausen erst einmal austoben müsse.
3	Gemeinsame Ball- und Klassenspiele, die die Klassengemeinschaft stärken, finden nicht mehr statt.	Die Klasse 5b der Realschule in B. liebt es, gegen die anderen Klassen im Fußball anzutreten. Auch die Schüler, die nicht aktiv am Spiel beteiligt sind, fiebern mit und feuern ihre Mitschüler an.

2.5

	Argumente der Gegenseite	Gegen dieses Argument spricht: / Dieses Argument ist nicht entscheidend, weil:
1	Mit Musik kann man sich in den Pausen besser erholen (chillen).	… es bewiesen ist, dass man nach 90-minütigem konzentrierten Stillsitzen dringend Bewegung an der frischen Luft benötigt, um wieder Sauerstoff und Energie zu tanken. … Probleme, die während des Schulvormittages aufgetreten sind, in den Pausen nicht ausdiskutiert oder mit den Mitschülern beratschlagt werden, sondern beim Musikhören „frisst" der Schüler die Probleme eher in sich hinein.
2	Es gibt in den Pausen weniger Streitigkeiten, da ja jeder Musik hört.	… Probleme in der Schule häufig nicht in Pausen auftreten, sondern von zu Hause mitgebracht werden oder aufgrund von Leistungsdruck im Unterricht entstehen.

2.3 Ist ein reguläres MP3-Verbot in der Schule sinnvoll?

✗ Nein

2.4

	Argumente (kontra MP3-Verbot)	Beleg
1	Mit Musik kann man sich in den Pausen besser erholen (chillen).	Schülerin J. (14 Jahre) berichtet, dass sie gerade nach einer intensiven Arbeitsphase im Unterricht ihre Lieblingsmusik bräuchte, um wieder neue Energie zu tanken.
2	Man kann Musik austauschen.	Das Austauschen von Musik bzw. das Unterhalten über neue Musiktrends fördert eher die Kommunikation als dass sie sie verstummen lässt.
3	Es gibt in den Pausen weniger Streitigkeiten, da ja jeder Musik hört.	Die Pausenaufsicht der Hauptschule in F. berichtet, dass die Schüler während der Pausen wesentlich ruhiger sind, seit sie in der Pause MP3-Player benutzen dürfen.

2.5

	Argumente der Gegenseite	Gegen dieses Argument spricht:/ Dieses Argument ist nicht entscheidend, weil:
1	Es findet keine Kommunikation mehr unter den Schülern statt.	... während des Unterrichts schon genug Kommunikation stattfindet, sodass es angenehm ist, sich in den Pausen mal nicht zu unterhalten. Jeder Schüler schafft sich so ein wenig Privatsphäre.
2	Die permanente Benutzung des MP3-Players kann Hörschäden verursachen.	... Hörschäden nur verursacht werden können, wenn die Musik zu laut gehört wird. Dieses muss in den Pausen nicht zwangsläufig stattfinden. Abgesehen davon ist der Lärmpegel während einer Sportstunde wesentlich höher als dies beim Musikhören der Fall ist.

Schritt 3: Schluss schreiben

1.1 Lösungsvorschlag Schluss (pro MP3-Verbot)
Gerade durch das zuletzt genannte Argument komme ich zu dem Ergebnis, dass der Gebrauch von MP3-Playern in den Schulpausen nicht erlaubt werden sollte. Vielmehr sollten sich Schüler in den Pausen austoben und miteinander reden, um so einen Gegenpol zum Schulvormittag zu haben.

1.1 Lösungsvorschlag Schluss (kontra MP3-Verbot)
Gerade durch das zuletzt genannte Argument komme ich zu dem Ergebnis, dass der Gebrauch von MP3-Playern in den Schulpausen zu erlauben sei. Vielmehr sollte den Lehrern und Eltern die Chance verdeutlicht werden, die eine MP3-Benutzung im Schulvormittag mit sich bringt.

Schritt 4: Hauptteil ausformulieren

2.1 Lösungsvorschlag für den Hauptteil der Erörterung (pro MP3-Verbot)
Aufgrund dieser dargestellten Problematik stellt sich nun die Frage, inwiefern ein MP3-Verbot in den Schulpausen sinnvoll ist oder nicht. Zu Beginn meiner Erörterung möchte ich die Argumente genauer erwähnen, die gegen ein MP3-Verbot in den Schulpausen sprechen.

Ein Argument, das von den Schülern immer wieder genannt wird, ist, dass sie mit Musik in den Pausen besser chillen könnten. Gerade die Musik ermöglicht es den Schülern, sich zu entspannen, Kraft zu tanken und sich von den anstrengenden Schulstunden zu erholen. Dies berichtet auch Schülerin J. (14 Jahre) – nach einer intensiven Arbeitsphase im Unterricht bräuchte sie ihre Lieblingsmusik, um wieder neue Energie zu tanken.

Auch das nächste Argument muss bei der Entscheidung, ob ein reguläres Verbot sinnvoll ist, berücksichtigt werden: Durch das Musikhören in den Pausen nimmt die Anzahl der Streitigkeiten in den Pausen ab. So berichtet ein Lehrer der Hauptschule, dass die Schüler während der Pausen wesentlich ruhiger seien und die üblichen Rangeleien während der Schulpausen der Vergangenheit angehörten.
Auch die in der Pause stattfindende Kommunikation über die Musik ist als weiteres Kontra-Argument anzuführen.

Gerade der Aspekt der Kommunikation unter den Schülern wird auch von der Pro-Seite angeführt, auf deren Argumente jetzt nachfolgend ausführlich eingegangen wird. Der Anteil der Kommunikation der Schüler über Musik ist, wären MP3-Player erlaubt, verschwindend gering, da die meisten Schüler die Pause zum Musikhören nutzen würden. Dabei stellen die Pausen sehr wichtige Phasen während des Schulvormittages dar, da dort die Schüler miteinander ins Gespräch kommen können. Schüler jeden Alters nutzen die Pause zu Gesprächen über den Schulvormittag, über Neuigkeiten im Privatleben. Gerade in unserer Gesellschaft, in der die Eltern oft nicht zu Hause sind, wenn die Kinder von der Schule kommen, ist es wichtig, sich am Schulvormittag auszutauschen und nicht schon dort zu verstummen. Schüler M. berichtet, dass das Schönste am Schulvormittag die Pausen seien, in denen man sich über Probleme mit den Mitschülern austauschen könne.
Ein weiteres entscheidendes Argument, was deutlich zeigt, wie wichtig und richtig ein MP3-Verbot in den Pausen ist, ist die Ausgrenzung der Schüler, die keinen MP3-Player besitzen. Soziale und finanzielle Unterschiede kämen auf die Art und Weise zum Tragen, obwohl am Schulvormittag das soziale Miteinander im Vordergrund steht und im Unterricht versucht wird, ein Gemeinschaftsgefühl zu entwickeln. So berichtet Schülerin S., dass sie nur noch wenig Lust auf die Pausen habe, da sie oft wegen ihres alten MP3-Players ausgelacht würde.
Das wichtigste Pro-Argument besagt, dass die Pausen der Bewegung und dem Miteinander der Schülerinnen und Schüler dienen sollen. Gerade Schüler der unteren Klassen brauchen die Bewegung in den Pausen. Viele Schulen bieten den Schülern schon im Rahmen von Projekten – wie „bewegte Pause" – Spielgeräte an, um einen Ausgleich zum monotonen Sitzen zu schaffen. So ist es vielen Schülern wieder möglich, nach einer Pause voller Bewegung zur Ruhe zu kommen, um sich auf die nächsten Stunden zu konzentrieren. Schülerin S., Klasse 6, sagt, sie sei nach zwei Unterrichtsstunden zu aufgedreht, weshalb sie sich in den Pausen erst einmal austoben müsse. Gerade dieses Pro-Argument widerlegt ganz entschieden das Kontra-Argument, dass es für die Schüler gut ist, in den Pausen zur Musik zu chillen.

Lösungen ■ KREATIVE TEXTPRODUKTION 19

Kapitel IV   Kreative Textproduktion

Aufsatzformen

a. Erörterung / Stellungnahme / Argumentation
b. Leserbrief
c. Reportage
d. Bericht
e. Rede
f. Zeitungsbericht
g. Tagebuch-Eintrag
h. Persönlicher Brief / Geschäftsbrief

Übung 1: Seniorengerechtes Wohnen

Schritt 1: Thema erschließen

1.1 In einem Leserbrief ...

    X **c.** ... bezieht sich der Verfasser auf Presseberichte und bringt dazu seine eigene Meinung zum Ausdruck, indem er berichtigt, kritisiert oder auch ergänzt.

2.1 Demographischer Wandel
Er meint damit, man müsse sich, auch was die Gestaltung von Wohnsiedlungen angeht, an den deutlichen Wandel in der Altersstruktur anpassen, der in Deutschland spürbar wird. Demographie ist die Wissenschaft von der Bevölkerungsentwicklung, die derzeit deutlich zeigt, dass es immer mehr ältere Menschen in Deutschland gibt.

2.2 Stichpunkte Neubausiedlung Lippeblick
grün; als „Speckgürtel außerhalb der Innenstadt"; ruhig; seniorengerecht; parkähnliche Gartenlandschaft mit Teichen; zwei Parkplätze für Senioren mit extra großen Parklücken nahe der Stadt und des Einkaufszentrums; viele Sitzmöglichkeiten („Kommunikationsinseln") in und nahe der Stadt; die Zentralisierung von Einrichtungen und Behörden rund um den Marktplatz und die Schaffung von mehr Sport- und Beschäftigungsmöglichkeiten für die Senioren

2.3 Stichpunkte Lebensumfeld von Kathrin W.
grün; Kinderspielplätze; Bolzplätze; Parks, in denen Kinder auch mal laut sein dürfen; Zonen zum Spielen in der Innenstadt; extra Parkplätze nahe der Stadt und des Einkaufszentrums für Eltern mit Kindern; Einrichtungen für Kinder, z. B. ein Jugendheim

2.5 Lösungsvorschlag Zusammenleben
Es müssen beide Parteien zufriedengestellt werden, das wäre dadurch möglich, dass es z. B. in grüner Umgebung sowohl Kinderspielplätze als auch „Kommunikationsinseln" geben könnte, gleichzeitig könnten beide Parteien Parkplätze in der Nähe von Einkaufszentrum und Innenstadt erhalten. Die Vorstellung müsste auch ein Zusammenleben von Alten und Jungen bedeuten, das heißt: Gemeinsamkeiten fördern, wie z. B. dass die Senioren mit in die Kinderbetreuung integriert werden oder die Kinder zu Spielnachmittagen ins Altenzentrum kommen. Es könnte ein gemeinsames Sportangebot oder auch eine Hausaufgabenbetreuung durch die Senioren geben oder die Kinder geben den alten Menschen beispielsweise Computerkurse.

Schritt 2: Stoffsammlung

1.1 Mögliche Behauptung/These

Meines Erachtens ist die Vorstellung des Stadtplaners Peter Neufeld von dem seniorengerechten Wohnen im „Lippeblick" familienunfreundlich. Es wird in stadtplanerischer Hinsicht allein Rücksicht auf die Bedürfnisse der Senioren genommen, wobei die Familien mit kleinen Kindern, die auch zu einem großen Teil in der Neubausiedlung vertreten sind, einfach übergangen werden. Auf unsere Wünsche und Bedürfnisse soll bei der Gestaltung der Wohnumgebung keine Rücksicht genommen werden und das geht nicht!

(*Oder auch kurz:*) Meiner Meinung nach ist es wichtig, bei der Gestaltung der Neubausiedlung nicht nur an die Senioren, sondern auch an die jungen Familien zu denken.

2.1 Argumente und Beispiele für die These

Argument	Beispiel
Wenn man sich nur an die älteren Menschen anpasst, gehen die Bedürfnisse der Jungen den Bach runter. Es muss auch darum gehen, junge Menschen an den Stadtteil zu binden.	Sonst droht dem „Lippeblick" Vergreisung und die Abwanderung vieler junger Familien in für sie attraktivere Städte oder Stadtteile.
Der Stadtplaner sagt schließlich, es gehe darum, den Wünschen der Menschen zu entsprechen wenn die Nutzung der Frei- und Grünflächen festgelegt werde. Deshalb muss man auch an die Wünsche der Familien und Kinder denken.	Die Kinder wünschen sich Platz zum Spielen, also Spielzonen in der Innenstadt, Bolzplätze und Spielplätze im Wohngebiet. Denkt man an die Eltern, so wären zusätzliche „Eltern-Kind"-Parkplätze in der Nähe des Einkaufszentrums und Sitzmöglichkeiten auf den Spielplätzen beispielsweise wünschenswert.
Kinder müssen eine Wohnumgebung haben, in der sie sich frei entfalten können. Das laute Spiel könnte aber möglicherweise die älteren Menschen stören, deshalb müssen die Kinder Raum bekommen, wo sie ungestört auch mal laut sein dürfen.	Es müssen also Kinderspielplätze und Bolzplätze entwickelt werden oder auch eine nahe KiTa für jüngere Kinder und Betreuungsmöglichkeiten für die Älteren, wie z. B. ein Jugendheim.
Die Vorstellungen von Peter Neufeld verdeutlichen ein Grundproblem im Denken: Wenn man nur noch an die Alten denkt, ist es doch kein Wunder, dass die Jungen kaum noch Kinder in die Welt setzen.	Das Aufziehen von Kindern wird einem schließlich erschwert, wie in der geplanten Neugestaltung der Neubausiedlung „Lippeblick" deutlich wird.

Schritt 3: Stoff ordnen

2.1 Verbindungsmöglichkeiten von Argumenten

Steigerungen: b, d, f, h
Reihungen: c, i
Gegensätze: a, e, g

Schritt 5: Bezug nehmen

1.1

„Vor allem die Senioren, aber auch viele junge Familien haben die Chance genutzt, ein Einfamilienheim in ruhiger Wohnlage zu beziehen", so Neufeld.	Neufeld legte dar, dass vor allem die Senioren, aber auch viele junge Familien die Chance genutzt hätten, ein Einfamilienheim in ruhiger Wohnlage zu beziehen.

Neufeld: „Es geht nun darum, den Wünschen der Menschen zu entsprechen und die Nutzung der Frei- und Grünflächen festzulegen."	Er sagte, es gehe nun darum, den Wünschen der Menschen zu entsprechen und die Nutzung der Frei- und Grünflächen festzulegen.
„Wir müssen uns an den deutlichen demographischen Wandel in der Altersstruktur anpassen", so Neufeld weiter.	Weiterhin machte Neufeld deutlich, dass man sich an den deutlichen demographischen Wandel in der Altersstruktur anpassen müsse.

2.1 Lösungsvorschlag Leserbrief

Kathrin W.
Lippeblickallee 2
59193 Hamm

Hammer Rundschau
Lokalredaktion
Hammer Str. 15
59194 Hamm

Hamm, den 22.08.2009

Ihr Artikel „Seniorengerechtes Wohnen im Lippeblick" in der Hammer Rundschau vom 22.08.09

Sehr geehrte Damen und Herren,

am heutigen Morgen las ich in Ihrer Zeitung den oben genannten Artikel von H. Müller, in dem es um die Neubausiedlung „Lippeblick" geht, in der mein Mann und ich mit unseren beiden Kindern (4 und 8) vor einem Jahr unser Eigenheim erbaut haben. In diesem Artikel wird geschildert, dass es laut des Stadtplaners nun darum gehen müsse, das Lebensumfeld, also die Nutzung der Frei- und Grünflächen, an die Bedürfnisse der Menschen anzupassen.

Meines Erachtens ist die dort beschriebene Vorstellung des Stadtplaners Peter Neufeld von dem seniorengerechten Wohnen im „Lippeblick" familienunfreundlich. Es wird in stadtplanerischer Hinsicht allein Rücksicht auf die Bedürfnisse der Senioren genommen, wobei die Familien mit kleinen Kindern, die auch zu einem großen Teil in der Neubausiedlung vertreten sind, einfach übergangen werden. Auf unsere Wünsche und Bedürfnisse soll bei der Gestaltung der Wohnumgebung keine Rücksicht genommen werden und das geht nicht!

Die Vorstellungen von Peter Neufeld verdeutlichen ein Grundproblem im Denken: Wenn man nur noch an die Alten denkt, ist es doch kein Wunder, dass die Jungen kaum noch Kinder in die Welt setzen. Das Aufziehen von Kindern wird einem heutzutage vielfach erschwert, wie auch in der geplanten Neugestaltung der Neubausiedlung „Lippeblick" deutlich wird. Schließlich müssen Kinder eine Wohnumgebung haben, in der sie sich frei entfalten können. Das laute Spiel könnte aber möglicherweise die älteren Menschen stören, deshalb müssen die Kinder Raum bekommen, wo sie ungestört auch mal laut sein dürfen. Es müssen also Kinderspielplätze und Bolzplätze entwickelt werden oder auch eine nahe KiTa für jüngere Kinder und Betreuungsmöglichkeiten für die älteren, wie z. B. ein Jugendheim.

Zwar ist es richtig, wie Neufeld sagt, dass die demographische Entwicklung es erfordere, die Stadtplanung seniorengerechter zu gestalten, aber man darf dabei die jungen Familien nicht einfach aus dem Blick verlieren. Wenn man sich nur an die älteren Menschen anpasst, gehen nämlich die Bedürfnisse der Jungen den Bach runter.

Dem Stadtplaner scheint außerdem nicht klar zu sein, dass es auch darum gehen muss, junge Menschen an den Stadtteil zu binden. Sonst droht dem „Lippeblick" Vergreisung und die Abwanderung vieler junger Familien in für sie attraktivere Städte oder Stadtteile.

Ausschlaggebend ist für mich, dass Herr Neufeld weiterhin sagt, es gehe darum, den Wünschen der Menschen zu entsprechen, wenn die Nutzung der Frei- und Grünflächen festgelegt werde. Deshalb muss man auch an die Wünsche der Familien und Kinder denken. Die Kinder wünschen sich Platz zum Spielen, also Spielzonen in der Innenstadt, Bolzplätze und Spielplätze im Wohngebiet. Denkt man an die Eltern, so wären beispielsweise zusätzliche „Eltern-Kind"-Parkplätze in der Nähe des Einkaufszentrums und Sitzmöglichkeiten auf den Spielplätzen wünschenswert.

Ich denke, dass sich die Wünsche der Senioren und die der jungen Familien nicht grundsätzlich ausschließen. Im Sinne einer zukunftsorientierten Stadtplanung muss es meines Erachtens eher darum gehen, den Bedürfnissen aller, die im „Lippeblick" leben, zu entsprechen. Das ist doch gar nicht so schwer! Zum Beispiel könnte es in grüner Umgebung sowohl Kinderspielplätze, als auch „Kommunikationsinseln" geben. Gleichzeitig könnten beide Parteien Parkplätze in der Nähe von Einkaufszentrum und Innenstadt erhalten.

Diese Vorstellung müsste auch ein Zusammenleben von Alten und Jungen bedeuten, das heißt, es müssen Gemeinsamkeiten gefördert werden, wie z. B. dass die Senioren mit in die Kinderbetreuung integriert werden oder die Kinder zu Spielnachmittagen ins Altenzentrum kommen. Es könnte ein gemeinsames Sportangebot oder auch eine Hausaufgabenbetreuung durch die Senioren geben oder die Kinder geben den alten Menschen z. B. Computerkurse. Unter diesen Voraussetzungen können die Generationen voneinander lernen und gemeinsames Leben würde möglich, ohne dass eine Ab- und Ausgrenzung stattfindet!

So und nicht anders kann man der demographischen Entwicklung modern entgegentreten, ohne dass eine Bevölkerungsgruppe auf der Strecke bleibt!

Abschließend hoffe ich, dass meine Ausführungen vielen Menschen in Hamm aus der Seele sprechen und dass die Pläne für die Siedlung „Lippeblick", die in der nächsten Ratssitzung besprochen werden, hierdurch beeinflusst werden!

Mit freundlichen Grüßen
Kathrin W. mit Familie

Übung 2: Nie mehr (Ulla Hahn)

Schritt 1: Aufgabe erschließen

1.1 Du sollst …

X c. … die Gefühlssituation des lyrischen Ichs mithilfe eines inneren Monologs darstellen.

Schritt 2: Textgrundlage verstehen

1.1 Geschlecht des lyrischen Ichs

Das Geschlecht des lyrischen Ichs lässt sich in diesem Gedicht nicht eindeutig festlegen. Da die Autorin eine Frau ist, liegt es allerdings für mich nahe, dass hier auch die Gefühle einer Frau beschrieben werden, die als Adressaten ihren Geliebten anspricht. Besonders deutlich wird dies, wie ich finde, in Strophe 1 und 2. Unglücklich verliebte Frauen neigen laut gesellschaftlicher Auffassung eher als Männer dazu, ungeduldig am Telefon zu sitzen, auf eine Nachricht zu warten und Liebesbriefe zu schreiben, nur um sie später wieder zu zerreißen, da sie sich nicht sicher sind, ob der Geliebte sie nicht lächerlich findet.

2.2 Bedeutung der sprachlichen Besonderheiten

- „um das Telefon streichen" (V. 2)
  Erinnert an eine Katze, die gestreichelt werden will, die um Zuwendung bettelt.
- „Gespenster sehn" (V. 3)
  Das lyrische Ich glaubt, die geliebte Person überall zu sehen, obwohl diese nicht da ist.
- „Briefe, die triefen" (V. 6)
  Die Rede ist hier von Liebesbriefen, die sprichwörtlich „triefen" vor Gefühlen, die in ihnen ausgedrückt werden.
- „mich linksseitig quälen bis zu den Nägeln" (V. 7)
  Das lyrische Ich spürt die Qual bis zu den Fußnägeln, also im ganzen Körper. „Linksseitig" verweist auf die linke Körperhälfte, also den Sitz des Herzens, der Gefühle.
- „soll dich der Teufel holen" (V. 10)
  Das lyrische Ich verwünscht die geliebte Person. Sie verleiht dadurch ihrer Wut und Trauer Ausdruck.

3.1 Beschreibung des lyrischen Ichs

Das lyrische Ich ist verliebt, bleibt zu Hause und wartet auf eine Nachricht der/des Geliebten. Es ist unglücklich und unzufrieden mit der Situation („nie mehr gewollt"), die es schon öfter erlebt hat. Die Zeit des Wartens verbringt es mit verschiedenen Aktivitäten (V. 2, 3, 6), es steht wartend neben dem Telefon oder am Fenster und geht keinen Schritt aus dem Haus. Dieses passive Warten verstärkt nur noch seine innere Unruhe und es beginnt, Liebesbriefe zu schreiben, die es aber nicht abschickt. Das Zerreißen der Briefe steht für die innere Zerrissenheit des lyrischen Ichs. Es beginnt mit dem Schreiben, weil es das untätige Warten nicht länger aushält und das Zerreißen ist begründet durch seine eigene Unsicherheit und dadurch, dass es sich gegen seine eigenen Gefühle wehrt. Es hat möglicherweise Angst, sich eine Blöße zu geben. Auch das Wort „triefen" zeigt, dass das lyrische Ich nicht zu seinen Gefühlen stehen kann oder will. „Triefen" enthält eine negative Bewertung gefühlvoller Dinge. Die Liebe, die das lyrische Ich empfindet, enthält etwas Quälendes. Die Liebe schmerzt vom Herz ausgehend bis in die äußersten Bereiche des Körpers („mich linksseitig quälen bis zu den Nägeln"). Die Wiederholung des Verses „Das hab ich nie mehr gewollt" in den ersten beiden Strophen wirkt beschwörend, als müsste sich das lyrische Ich selbst daran erinnern, dass es dies „nie mehr" gewollt habe. Dieser Rahmen verdeutlicht die Situation: Das lyrische Ich ist in seiner Wohnung und in seinen Gefühlen gefangen.

3.2 Veränderung des lyrischen Ichs

In Strophe drei verändert sich das lyrische Ich, nachdem es zuvor eine gedankliche Entwicklung durchgemacht hat. Die für das lyrische Ich unerträgliche Situation führt zu einem Wutausbruch, der durch die Satzzeichen deutlich wird. Die sehr emotionale, umgangssprachliche Formulierung „Soll dich der Teufel holen" zeigt, dass es hier um die innersten Gefühle geht. Die wahren Gefühle des lyrischen Ichs werden dann im Folgenden deutlich. Es möchte die geliebte Person eigentlich bei sich haben: „Herbringen. Schnell." Diese inhaltliche Wendung wird dann auch durch den letzten Vers deutlich. Er wurde durch das Voranstellen von „mehr" in sein Gegenteil verkehrt. Der Punkt am Ende der Strophe verdeutlicht, dass das lyrische Ich nicht länger schwankt und innerlich zerrissen ist – es hat für sich eine Entscheidung getroffen, der beengende Rahmen (Strophen 1, 2) wird gesprengt und es bekennt sich nun zu seiner Sehnsucht nach der geliebten Person.

4.1 und 4.2 Handlung

Eine mögliche Erklärung könnte sein, dass es einen heftigen Streit zwischen dem Liebespaar gegeben hat und der Mann die Frau im Streit Hals über Kopf verlassen hat. Als Hintergrund des Streits könnte Eifersucht eine Rolle gespielt haben. Die Frau bleibt zu Hause und quält sich mit dem Gedanken, dass sie diese Situation eigentlich nie mehr gewollt habe. Sie verwünscht den Geliebten, wünscht sich aber letztlich nichts mehr, als dass er endlich zu ihr zurückkehrt.

Schritt 3: Stoffsammlung

1.1 Gedanken und Gefühlsbeschreibungen des lyrischen Ichs
- Ich fühle mich hilflos, weil ich nicht weiß, wann du dich bei mir meldest.
- Meine Gedanken kreisen nur darum, wo du dich gerade befindest.
- Ich bereue die Flüche, mit denen ich dich verletzt habe.
- Ich habe Angst vor dem Alleinsein.
- Ich fürchte mich davor, dass du nicht mehr zurückkommst.
- Ich hoffe, dass meine Eifersucht tatsächlich unbegründet war und du mir treu warst.
- Warum gehst du bloß nicht an dein Handy?
- Auf der einen Seite wollte ich nie mehr, dass du mich so verletzt und dass ich mir diese Sorgen machen muss, ob du mir treu bist, aber ich kann auch nicht ohne dich leben. Ich muss endlich versuchen, dir zu vertrauen.
- Enttäuschung! Du kannst meine Anrufe und SMS doch nicht die ganze Zeit ignorieren!
- Ich bin so wütend auf dich! Warum musstest du bloß diese Handynummer in der Tasche haben, kein Wunder, dass ich da wieder eifersüchtig werde!
- Letztlich sehe ich die Situation aber ganz klar! Ich wünsche mir, dass du zu mir zurückkommst und wir uns noch eine Chance geben. Wir müssen dann versuchen, ehrlich zueinander zu sein und ich werde mich bemühen, die Eifersucht zu unterdrücken.

Schritt 4: Stoff gliedern und abfassen

1.1

Stichpunkt	Reihenfolge Nr.:
Nachfrage: Wo bist du? Weshalb meldest du dich nicht bei mir? ...	1
Erklärung: Ich weiß, dass ich viel falsch gemacht habe, ich hätte nicht schon wieder vor lauter Eifersucht explodieren sollen als ich den Zettel mit der Handynummer sah ...	2
Erläuterung der Gefühlswelt: Ich fühle mich hilflos ..., Meine Gedanken kreisen nur ..., Ich bereue die Flüche ..., Ich fürchte mich ..., Ich hoffe ...,	3
Enttäuschung: Du kannst meine Anrufe und meine SMS doch nicht die ganze Zeit ignorieren!	4
Kurze Einsicht: Auf der einen Seite wollte ich nie mehr, ... Aber du musst mich auch verstehen, schließlich habe ich auch einen Grund, auf diese Handynummer so zu reagieren. Wenn man schon einmal betrogen wurde, reagiert man später umso heftiger, wenn man vermutet, dass dies wieder geschieht!	5
Wut: Ich bin so wütend auf dich! Warum ...	6
Wunsch für die Zukunft: Letztlich sehe ich die Situation aber ganz klar! Ich wünsche mir, dass ...	7

Übung 3: „... aber Steine reden nicht" (Carlo Ross)

Schritt 1: Aufgabe erschließen

1.1 Ein Tagebuch-Eintrag ...
- [X] ... ist eine Erinnerung an all das, was man getan und erlebt hat, was einen gefreut oder bedrückt hat.
- [X] ... enthält intime Gedanken und Gefühle.
- [X] ... hat keine geordnete Schreibweise wie in einem Aufsatz. Wenn jemand nachdenkt, was am Tag passiert ist, dann denkt er in Sprüngen, er wechselt zwischen verschiedenen Ereignissen, er erinnert sich an Vergangenes und blickt vielleicht auch nach vorne.
- [X] ... kann mit einer Anrede beginnen und mit einer Unterschrift beendet werden.
- [X] ... ist eigentlich an niemanden gerichtet. Es ist die wohl intimste Schreibform des Menschen.
- [X] ... wird gerne mit selbst gestellten Fragen eingeleitet: „Was ist eine Freundschaft wert, wenn man nicht in der Not zusammenhält?"
- [X] ... ist deshalb auch eine schöne Möglichkeit, sich in die Gedanken einer Figur hineinzuversetzen. Dabei kannst du, ohne dass du streng gliedern und ordnen musst, aus der Sicht der Figur heraus fühlen, denken und schreiben. Du wirst selbst ein Stück weit zum Schriftsteller und benutzt dessen Figur auch, um Gedanken mitzuteilen, die im Ausgangstext selbst nicht ausgesprochen werden.
- [X] ... enthält auch Ausrufe und Fragen.

Schritt 2: Textgrundlage verstehen

1.1 Davids Situation
- Ich zog um in eine neue, fremde Umgebung.
- Alex und ich mussten unsere alte Schule verlassen und auf eine „Judenschule" gehen.
- Ich habe in vielen Geschäften Schilder gesehen, auf denen „Juden unerwünscht!" stand. Wir dürfen dort also nicht mehr einkaufen.
- Ich merke, dass mein Leben weniger wert sein soll, als das der „Herrenmenschen", wie sie sich bezeichnen. Ich bekam keine Gasmaske und es wurde verboten, dass wir an der Luftschutzübung teilnehmen.
- Wir Juden bekommen kaum Lebensmittel und werden überall wie Menschen zweiter Klasse behandelt.
- Mutter und ich überlebten die Reichspogromnacht nur knapp. Wir hatten solche Angst!
- Nun ist Alex nach Amerika ausgewandert. Ich freue mich sehr für ihn, dass er diesem Leben hier entkommen konnte, aber ich habe mich auch noch nie so einsam gefühlt wie jetzt. Er fehlt mir sehr.
- Erich Zettlau ist zwar noch immer mein Freund, aber er darf eigentlich nicht mit mir sprechen. Seine Kameraden aus der Hitlerjugend würden ihn verurteilen, wenn sie das mitbekämen.

2.1 Zusammenfassung Textauszug

In dem Auszug aus dem Roman „... aber Steine reden nicht" von Carlo Ross geht es um den jüdischen Jungen David, der, um ein wenig Geld zu verdienen, Milch zu erhalten und nicht deportiert zu werden, im Januar 1939 Arbeit bei Frau Freudewald annimmt. Er liefert – nach dem Abtransport ihres behinderten Sohnes Kalla in eine „Anstalt" – nun die Kartoffelschalen aus den Häusern der Stiege zum Stall von Frau Freudewald, damit diese an die Kühe verfüttert werden können. Die schwere körperliche Arbeit fällt ihm nicht leicht und er schämt sich auch dafür. An seinem ersten Arbeitstag wird er von einer Schar Kinder verhöhnt und beschimpft. Die Situation eskaliert, als diese auch Schneebälle und Steine auf David werfen und dieser dadurch am Kopf verletzt wird. Auf einmal ist Erich Zettlau bei ihm und hilft David, den Schlitten zum Hof zu ziehen und die Säcke abzuladen. Er weist die Kinder mutig zurecht, setzt sich für David ein und zeigt ihm durch sein Verhalten, dass er für ihn da ist. Auch Frau Freudewald macht David Mut, indem sie ihm die Hoffnung macht, er sei im Frühjahr durch die Arbeit so stark wie Kalla es war.

3.2 Was die Textstellen über Davids Gefühlswelt und Gedanken aussagen

Textstelle	Bedeutung
„Die Arbeit lag dem Jungen nicht." (Z. 2)	David ist es nicht gewohnt, schwer körperlich zu arbeiten.
„David schwitzte trotz der eisigen Januarkälte. Das kam nicht nur von der schweren Arbeit, auch der Hohn der Kinder trug sehr dazu bei." (Z. 3–4)	David schämt sich, eine solche Hilfsarbeit verrichten zu müssen. Die Arbeit, die einst der behinderte Kalla übernahm, hat nämlich nicht den besten Ruf in der Straße, da sie schmutzig ist und die Kartoffelschalen auch unangenehm riechen.
„Er schaffte es, war stolz darauf und vergaß für eine Weile, dass ihn der Stein blutig geschlagen hatte." (Z. 8–9)	David merkt, dass er in der für ihn schweren Situation viel Kraft entwickelt, weil er all seinen Willen zusammennimmt. Das macht ihn stolz und er kann den Schmerz und den Hohn verdrängen.
„David drückte seinem Helfer die Hand." (Z. 22)	David spürt, dass Erich ihn mag. Dieser hat sich vor allen anderen für ihn, den Juden, eingesetzt. Er ist zutiefst dankbar.

Schritt 3: Stoffsammlung
1.1 Gedanken und Gefühlswelt des Protagonisten

Situation: Was ist passiert?	Was könnte David denken?	Was könnte David fühlen?
„Judenkalla, Judenkalla", höhnten die Kinder" (Z. 1)	Macht mir die Situation nur noch schwerer! Meint ihr, ich mache diese Arbeit gern? Ich kann nicht verstehen, weshalb sie mich so fertig machen, nur weil ich Jude bin!?	Ich fühlte mich wie ein Verbrecher, wie jemand, der weniger wert ist als alle anderen.
„... als David zum ersten Mal, fest vermummt durch Wollschal und Mütze, auf einem Schlitten die Kartoffelschalen für Freudewalds Kühe herbeischaffte." (Z. 1–2)	Wieso hatte ich die Arbeit überhaupt angenommen? Diese Demütigungen werden immer nur noch schlimmer. Ich weiß noch, am Tag der Luftschutzübung wurde uns Juden schon deutlich gemacht, dass unser Leben nicht viel wert ist. Wir bekamen keine Gasmasken und durften auch nicht an der Übung teilnehmen.	Mir war kalt, meine Muskeln schmerzten und ich spürte meine Hände kaum noch. Ich fühlte einen dicken Kloß im Hals, aber die Genugtuung vor ihnen zu weinen wollte ich ihnen nicht geben!
„Und andere brüllten ihm nach: ‚Der Jude jede Arbeit macht, wenn's nur in seinem Beutel lacht!'" (Z. 5)	Was haben die bloß für Vorurteile und wo haben diese Kinder sie her!? Ich arbeite vor allem bei Frau Freudewald, damit wir wenigstens ein bisschen Milch erhalten und ich nicht deportiert werde.	Was ist das nur für eine Welt?! Ich fühle mich wie Abschaum, wie ein Mensch zweiter Klasse.
„Sie warfen die ersten Schneebälle und dann flogen auch noch Steine." (Z. 6)	Ich dachte nur: „Hoffentlich hören sie damit bald wieder auf. Der Hohn war ja schon schlimm, aber nun wollen sie mich auch noch verletzen!"	Ich fühlte mich wie ein ungebetenes Tier, das man mit Steinen versucht zu vertreiben. Aber ich bin doch ein Mensch! Mein Herz schlug mir vor lauter Angst bis zum Hals!

„Mit aller Kraft zog er den schwer beladenen Schlitten auf Freudewalds Hof. Er schaffte es, war stolz darauf und vergaß für eine Weile, dass ihn der Stein blutig geschlagen hatte." (Z. 8–9)	So, ich hatte es geschafft. Mein Körper gehorchte mir noch, all der Hass der mir entgegenschlug, hatte mir Bärenkräfte verliehen.	Ich war stolz auf mich und froh, den Steinen und Schneebällen entflohen zu sein.
„Aber dann stand jemand neben ihm und half den Schlitten hinaufzuziehen. David schaute auf und erkannte Erich Zettlau." (Z. 10–11)	Unglaublich! Das nenne ich einen Retter in der Not. Wenn Erich mir nicht zu Hilfe gekommen wäre, hätten sie mich womöglich noch mehr verletzt.	Ich spürte eine Welle der Erleichterung. Endlich war ich in dieser furchtbaren Situation nicht mehr allein. Ich war so dankbar und glücklich.
„stemmte Erich die Hände in die Seiten und schrie laut und männlich: ‚Dem nächsten, der einen Wackermann schmeißt, versohle ich den Arsch, dass er acht Tage nicht sitzen kann!'" (Z. 14–15)	Wie gerne wäre ich auch so mutig wie Erich. Ich hätte mich nicht getraut, den Kindern so entgegenzutreten. Und wie toll ist es, dass er als Mitglied der Hitlerjugend trotzdem für mich eintritt!	Manchmal wünschte ich, ich wäre so mutig wie Erich.
„An die Arbeit gewöhnst du dich schon. Sollst sehen, wenn Frühling ist, hast du Muskeln wie der Kalla, und dann wagt keiner der Rotzbengel mehr dich auch nur scheel anzusehen." (Z. 20–21)	Ich kann mir zwar kaum vorstellen, wie ich diese harte Arbeit bis zum Frühling ertragen soll, aber die Aussicht darauf, dass man mich dann in Ruhe lässt ... Mal sehn!	Ich fühle mich ausgelaugt und müde. Hoffentlich hat Frau Freudewald Recht und ich schaffe es, bis dahin durchzuhalten.
„David drückte seinem Helfer die Hand. Der erwiderte den Druck." (Z. 22)	Du kannst dir nicht vorstellen, Erich, wie dankbar ich dir bin!	Einen solchen Freund kann sich jeder nur wünschen. Ich weiß das sehr zu schätzen und fühle mich geehrt, dass Erich so für mich da ist.

Schritt 4: Stoff gliedern und abfassen

1.1 Wie soll es weitergehen?

Ich hoffe, dass ich meine neue Arbeit körperlich durchstehe und sie zu Frau Freudewalds Zufriedenheit ist. Dann kann ich mir sicher sein, erst einmal nicht deportiert zu werden, da ich ja für eine Deutsche arbeite. Außerdem kann ich ein wenig Geld verdienen und bekomme Milch für Mutter und mich.

Was sind deine Hoffnungen und Wünsche?

Wer weiß, vielleicht hören die Kinder nach einigen Tagen auch auf, mich zu beschimpfen, weil es ihnen langweilig wird, wenn ich nicht darauf reagiere. Hauptsache, sie werfen nicht wieder mit Steinen und verletzen mich. Die Drohung von Erich dürfte allerdings in der nächsten Zeit noch in ihren Köpfen sein. Wenn Frau Freudewald Recht behält, ist diese Arbeit ja auch nicht die schlechteste und macht im Frühjahr einen richtigen Mann aus mir, dann kann ich mich selbst wehren und alle hätten Respekt vor mir. Das wäre toll! Außerdem hoffe ich inständig, dass Erich mein Freund bleibt und nicht auch so schlecht von mir redet, nur weil ich ein Jude bin. Wer weiß, vielleicht hat der Judenhass auch bald ein Ende und die Menschen wachen auf. Sie müssen doch bald merken, dass auch wir Menschen sind wie sie selbst.

Kapitel VI   Prüfungsaufgaben 2009

Erster Prüfungsteil: Leseverstehen

> HINWEIS Im ersten Prüfungsteil geht es um den Bereich „Leseverstehen". Hier wird ermittelt, wie gut du einen gelesenen Text verstanden hast. Dieser Teil der Prüfung besteht überwiegend aus Multiple-Choice-Aufgaben, von denen eine Antwort richtig ist. Das heißt aber nicht, dass die Antwort wörtlich im Text vorkommen muss. Hier ist dein Leseverständnis gefragt. Bei einigen Aufgaben ist auch eine Begründung erforderlich. Belege deine Ausführungen, wenn gefordert, mit Textstellen.
> Lies also grundsätzlich, bevor du dich an die Bearbeitung der Aufgaben begibst, den Text aufmerksam durch. Du kannst beim ersten Lesen auch schon einige Textstellen unterstreichen, die dir wichtig erscheinen.

Aufgabe 1

> HINWEIS Es geht bei dieser Aufgabe um die Zuordnung einer Aussage. Diese bezieht sich auf den zweiten Abschnitt. Lies ihn daraufhin noch einmal aufmerksam durch.

Welche der folgenden Aussagen passt zu dem, was in Abschnitt 2 steht?
  ✗ **d.** Experten haben festgestellt, dass das Mobbing mit Hilfe des Handys unter Schülern zunimmt.

Aufgabe 2

„Eine Umfrage der japanischen Regierung ergab kürzlich, dass ..."
  ✗ **a.** ältere Schülerinnen und Schüler das Handy häufiger benutzen als jüngere.

Aufgabe 3

> HINWEIS Du sollst die Beziehung zwischen den beiden Sätzen erfassen. Dabei muss dir klar sein, was durch das Wort „doch" ausgedrückt wird. Es handelt sich um eine Konjunktion, die einen Gegensatz ausdrückt, der durch das in dem vorherigen Satz stehende Adverb „zwar" noch verstärkt wird. Wiederhole die Bedeutung von Konjunktionen (Satzverknüpfungswörter).

In Abschnitt 4 beginnt der erste Satz mit „Zwar", der zweite mit „Doch". Welches Satzpaar gibt das wieder, was im Text steht?
  ✗ **c.** Handys bieten neue Perspektiven für die Zukunft. Aber für manche Jugendliche wird der Handygebrauch zum Zwang.

Aufgabe 4

> HINWEIS Bevor du Aufgabe 4 beantwortest, solltest du dir Abschnitt 6 noch einmal durchlesen. Deine Aufgabe besteht darin, einen inhaltlichen Aspekt aus diesem Abschnitt zu nennen, der die angeführte Äußerung erklären könnte. Du musst also nach Gründen suchen, warum die Schülerin mit Menschen, die sie in der Schule sieht, nicht spricht, sondern mit diesen nur über das Handy kommuniziert.

Mögliche Lösung:

Die Schülerin könnte Angst vor persönlichem Kontakt haben, sie fühlt sich wahrscheinlich unsicher. Sie ist kaum in der Lage, mit anderen Menschen auf „normalem" Wege zu reden.

Aufgabe 5

Der Ausdruck „emotionale Krücke" meint hier, dass das Mobiltelefon ...
- ☒ **a.** den Jugendlichen zu helfen scheint, wenn sie Probleme im Umgang mit anderen Menschen haben.

Aufgabe 6

> HINWEIS Bei der Beantwortung von Aufgabe 6 musst du die Beziehung zwischen den beiden Hauptsätzen erfassen. Du sollst eine Konjunktion einsetzen, die die beiden Hauptsätze miteinander verbindet. Rufe dir die Bedeutung der Konjunktionen in Erinnerung. Was drücken die Konjunktionen aus (Gegensatz, Aufzählung, Begründung etc.)?

- ☒ **b.** denn

Aufgabe 7

Kreuze die richtige Antwort an.
- ☒ **b.** Jugendliche in Japan bekommen Angst wegen anonymer SMS-Drohungen und Beleidigungen.

Aufgabe 8

> HINWEIS Achte auf den Hinweis, der dir als zusätzliche Information gegeben wird. Du sollst dich nur auf einen Abschnitt des Textes beziehen. Lies diesen daraufhin noch einmal durch.

Kreuze die richtige Antwort an.
- ☒ **c.** Betrüger und andere Kriminelle können sich ungehinderten Zugang zu den Mobiltelefonen der Jugendlichen verschaffen.

Aufgabe 9

> HINWEIS Der Text besteht aus 11 Abschnitten, die kenntlich gemacht sind. Du sollst nun die angebotenen Überschriften den vorhandenen Abschnitten zuordnen. Denke daran, dass Überschriften einen Abschnitt inhaltlich zusammenfassen und den Kern wiedergeben. Lies also die einzelnen Abschnitte erneut und überprüfe jeweils, welche Überschrift passt.

	Überschrift	passt zu Abschnitt
a.	Mehr Schikane bei wachsender Verbreitung	9
b.	Handy als wichtigster Lebensinhalt	4
c.	Mehr Kurzmitteilungen als Plauderei	6
d.	Zugriffsmöglichkeiten für Kriminelle	10

Aufgabe 10

> HINWEIS Bei Aufgabe 10 sollst du mindestens zwei Gründe aus dem Text für die Wichtigkeit des Handys erarbeiten.

Mögliche Gründe:

a. Für manche Jugendliche aus Japan ist das Handy besonders wichtig, weil sie sich mit dem Handy sicherer fühlen, als wenn sie mit einem Gegenüber sprechen müssten.
b. Aber auch bei Problemen im Elternhaus wird das Handy für manche besonders wichtig.
c. Für andere ist das Handy besonders wichtig, weil sie häufig anderen eine Nachricht übermitteln wollen.

Aufgabe 11

> HINWEIS Du sollst bei Aufgabe 11 den Inhalt einer Äußerung erfassen. Suche daraufhin die Textstelle und überprüfe die Antwortmöglichkeiten.

Kreuze die richtige Antwort an.
　　X a. Hinter den Handy-Displays liegt eine schaurige Welt.

Aufgabe 12

> HINWEIS Bei Aufgabe 12 sollst du die vorgegebene Skizze deuten, indem du dich auf mehrere Aussagen des Textes beziehst. Dabei ist es wichtig, geeignete Textstellen zu finden. Achte hierbei auf die Skizze. Es wird keine ausführliche Beschreibung der Skizze erwartet. Trotzdem solltest du dir die Skizze verdeutlichen.

Mögliche Deutung der Skizze:

Die Skizze zeigt, dass Menschen, die unter einem Dach leben, über das Handy miteinander kommunizieren. Sie macht auf die mangelnde Kommunikationsfähigkeit (vgl. Z. 8) der jungen Menschen aufmerksam. Obwohl die beiden Personen nebeneinander stehen, sich also begegnen und miteinander sprechen könnten, treten sie nicht in einen direkten Kontakt zueinander, sondern kommunizieren im Grunde genommen umständlich über das Handy, sodass der „Kontakt von Angesicht zu Angesicht" (Z. 6-7) abnimmt. Der Text spricht in diesem Zusammenhang auch von einer Unsicherheit im zwischenmenschlichen Bereich (vgl. Z. 41).

Aufgabe 13

> **HINWEIS** Es handelt sich bei dem Text um einen Artikel aus dem Internet. Rufe dir in Erinnerung, wie ein Zeitungsartikel aufgebaut ist. Der fettgedruckte Teil leitet ein, gibt einen ersten Überblick über den Inhalt und soll die Leserinnen und Leser zur Lektüre des Artikels anregen.

Kreuze die richtige Antwort an.

X **c.** Der Abschnitt weist auf die wichtigsten Inhalte des gesamten Artikels hin und soll neugierig machen.

Aufgabe 14

> **HINWEIS** Bei Aufgabe 14 sollst du dich mit einer Äußerung auseinandersetzen und eine eigene, aber begründete Stellungnahme abgeben.

Mögliche Stellungnahme:

Ich bin der Meinung, dass die Aussage nicht ganz zutrifft, denn es wird auch gesagt, dass das Handy von den Jugendlichen positiv genutzt wird. So nutzen sie es, „um SMS zu verschicken, zu plaudern, Bücher zu lesen, Musik zu hören und im Internet zu surfen" (Z. 15-16). Darüber hinaus wird auch auf die neuen Möglichkeiten in Bezug auf das Lernen und Kommunizieren durch das Handy (vgl. Z. 20) aufmerksam gemacht. Grundsätzlich werden die positiven Aspekte aber nur am Rande erwähnt.

In diesem Zusammenhang ist es aber wichtig, dass der Text in erster Linie auf die Gefahren aufmerksam machen will, die ein unüberlegter Handy-Konsum nach sich ziehen kann, sodass notwendigerweise die negativen Aspekte im Vordergrund stehen. Hier geht der Text z. B. auf die abnehmende Kommunikationsfähigkeit (vgl. Z. 39-45) oder auch das zunehmende Mobbing von Mitschülerinnen und Mitschülern ein (vgl. Z. 60-66).

Schnell-Check Leseverstehen

Aufgabe	Aufgabenstellung	☺	☹	Lerntipps
1, 2, 5, 7, 8, 11, 13	Leseverstehen Multiple Choice			▪ Texte aufmerksam lesen, Schlüsselwörter markieren ▪ Antworten im Text suchen
3, 6	Wortbedeutung			▪ Konjunktionen (Satzverknüpfungswörter) wiederholen und mit Beispielsätzen lernen
4	Textverständnis			▪ Texte aufmerksam lesen ▪ Bezüge zwischen Abschnitten herstellen
9	Überschriften zuordnen			▪ Texte genau lesen, Schlüsselwörter markieren ▪ Texte gliedern, den Abschnitten Überschriften geben
10	Begründung			▪ Texte genau lesen und Gründe für eine Behauptung finden
12	Skizze deuten			▪ Texte genau lesen, Schlüsselwörter markieren ▪ Textbelege für Skizze suchen
14	Stellungnahme			▪ Argumente für verschiedene Positionen finden und ausformulieren, mit Belegen (Textstellen) versehen

Zweiter Prüfungsteil

> **HINWEIS** Im zweiten Teil der Prüfung steht das Verfassen eines Textes im Vordergrund. Es handelt sich um eine recht anspruchsvolle Aufgabe, die du erledigen musst. Da du nur ein Thema zu bearbeiten hast, solltest du dir zunächst alle Materialien aufmerksam durchlesen. Entscheide dich erst danach für ein Thema. Bedenke bei der Auswahl, welche Aufgabenart dir besser liegt und zu welchem Thema du einen guten Zugang hast.
> Bei Wahlthema 1 musst du einen Auszug aus einer Erzählung analysieren und eine kurze Stellungnahme abgeben und bei Wahlthema 2 einen argumentativen Text (Brief) verfassen, der eine Person von deiner Meinung überzeugen soll.
> Da die Bewertung deiner Ausführungen auch die Darstellungsleistung berücksichtigt, musst du auf eine schlüssige Strukturierung deines Textes achten. Vermeide in deinen Ausführungen sprachliche Wiederholungen und drücke dich präzise aus. Nutze die Zeit, um am Ende noch einmal deinen Text im Hinblick auf die sprachliche Richtigkeit (Rechtschreibung, Zeichensetzung, Grammatik) zu untersuchen.

Wahlthema 1

> **HINWEIS** Das Thema 1 besteht auch in diesem Jahr aus zwei Teilaufgaben. Zuerst sollst du den Auszug aus der Erzählung „Mein erster Achttausender" von Malin Schwerdtfeger interpretieren. Denke an Aspekte wie Erzählperspektive, Darstellung, Stilmittel etc. Lies den Auszug aufmerksam durch. Notiere deinen ersten Eindruck und markiere im Text mit verschiedenen Farben wichtige Textstellen. Schreibe stichwortartig wichtige Beobachtungen (z. B. Wiederholungen, Fachbegriffe, Aufzählungen, auffällige Wörter) an den Rand. Die zweite Aufgabe besteht aus einer Stellungnahme.

Teilaufgabe 1

> **HINWEIS** Die Aufgabenstellung gibt dir bereits einen Textaufbau deiner Interpretation vor. Du musst zunächst einen Einleitungssatz mit wichtigen Informationen formulieren. Danach muss der Inhalt des Auszuges zusammengefasst werden. Achte hierbei auf die Darstellung wesentlicher Aspekte.
> Die eigentliche Interpretation soll das Verhältnis von Mutter und Tochter untersuchen. Achte darauf, sprachliche und formale Mittel (z. B. Satzbau, Verwendung von Umgangssprache, Perspektive) einzubeziehen. Vergiss nicht, Beobachtungen und Deutungen durch Textstellen zu belegen.

Stichpunkt-Lösung:

Einleitung

> **HINWEIS** Die Einleitung einer Interpretation gibt immer kurz wichtige Informationen über den Text. Du kannst dir also für jeden Text merken, dass der Beginn deiner Ausführungen mit diesen Informationen beginnt: Name der Autorin/des Autors, Textsorte (Gedicht, Romanauszug, Kurzgeschichte etc.), Titel, Entstehungsjahr und Thema.

- Autorin: Malin Schwerdtfeger
- Auszug aus der Erzählung: „Mein erster Achttausender"
- Erscheinungsjahr: 2001
- Thema: ungewöhnliche Beziehung zwischen Mutter und Tochter / unübliche Rollenverteilung

Inhaltsangabe

> **HINWEIS** Du musst den Textauszug inhaltlich zusammenfassen. Beschränke dich auf wesentliche Punkte. Gehe hierfür am besten abschnittsweise vor. Verwende das Präsens. Vorzeitigkeit kannst du durch das Perfekt ausdrücken.

- Mutter arbeitet für einen Reiseführer
- kommt nachts von einer Fernreise zurück
- für die Tochter ist das nicht ungewöhnlich
- sie verhält sich zu Beginn des Wiedersehens der Mutter gegenüber distanziert
- übernimmt die Rolle der Mutter (räumt z. B. der Mutter hinterher)
- kümmert sich um die Mutter
- unerwartetes/ungewöhnliches Verhalten der Mutter (erzählt ausschließlich von ihren Erlebnissen)

Verhältnis von Mutter und Tochter

> **HINWEIS** Du musst versuchen, das Verhältnis zu erfassen. Handelt es sich um eine gewöhnliche/allgemein übliche Mutter-Tochter-Beziehung?

- Verhältnis entspricht nicht den gängigen Vorstellungen
- die typische/traditionelle Rollenverteilung ist umgekehrt

Verhalten und Reaktion der beiden Personen

> **HINWEIS** Du sollst das Verhalten und die Reaktion der Personen untersuchen. Mache dir zuerst Notizen. Daraus formulierst du anschließend einen zusammenhängenden Text.

in der Nacht
- Rückkehr der Mutter, begrüßt die Tochter im Bett
- Tochter wacht kurz auf, lässt Begrüßung (Kuss) über sich ergehen, von dem Geruch der Mutter angewidert

morgens, während des Frühstücks
- Mutter zettelt ein Gespräch an
- sie weiß nicht, dass ihre Tochter Ferien hat
- sie hat sich nach ihrer Rückkehr in der Wohnung rücksichtslos ausgebreitet
- sie scheint noch in ihrer „Reisewelt" zu sein
- Tochter kennt das Verhalten der Mutter und reagiert gleichgültig und etwas genervt
- sie kümmert sich um die Wohnung, räumt auf, bleibt auf Distanz

morgens, nach dem Frühstück
- Tochter übernimmt die Initiative, kümmert sich um die Mutter
- sie wäscht ihrer Mutter die Haare, versorgt die Blasen an den Füßen
- sie lässt die Mutter gewähren, hört zu
- während die Mutter schläft, übernimmt sie Verantwortung (Telefonat)
- Mutter nimmt die Fürsorge der Tochter an und lässt sich verwöhnen
- sie erzählt unaufgefordert von ihren Erlebnissen, von denen sie annimmt, dass die Tochter daran interessiert sei
- sie lässt sich aber mögliche Erlebnisse der Tochter nicht erzählen

Sprachliche und formale Mittel

> **HINWEIS** Sprachliche und formale Mittel müssen von dir erkannt werden. Dabei reicht es nicht, sie einfach nur aufzuzählen, sondern du musst versuchen zu beschreiben, wie sie die inhaltlichen Aussagen in Bezug auf das Mutter-Tochter-Verhältnis unterstützen.

- Ich-Erzählerin
- distanzierte Darstellung
- Verwendung von Umgangssprache („hingeschmissen" (Z. 15); „ich schleppte alles hinaus" (Z. 23); „Matte" (Z. 42))
- Verwendung von Fachbegriffen („Yakbutter" (Z. 7); „Goretex-Klamotten" (Z. 16); „Dengue-Fieber" (Z. 30); „Trekking" (Z. 2, 61))
- Verwendung von wertenden Partizipien und Adjektiven („stinkenden" (Z. 18); „schmierigen" (Z. 36); „verfilzte" (Z. 42); „verrotteten" (Z. 50))
- Wiederholungen („erzählte" (Z. 42, 45, 51–52); Personalpronomen am Anfang eines Satzes)
- Aufzählungen (z. B. Z. 16–18)
- einfacher Satzbau (z. B. Z. 31–35)

Teilaufgabe 2

> **HINWEIS** Die zweite Teilaufgabe verlangt von dir, dass du dich mit einer Äußerung auseinandersetzen sollst. Eine Schülerin hat über das Verhalten der Tochter gesagt, dass sie es bewundernswert findet. Ist das deiner Meinung nach auch so? Überlege in einem ersten Schritt, was die Schülerin an dem Verhalten der Tochter bewundernswert finden könnte. Überprüfe dann, ob du dich dieser Meinung anschließen kannst. Du musst dich auf den Text beziehen. Du kannst dich der Meinung anschließen, sie ablehnen oder einen Mittelweg wählen. Begründe auch deine Argumente.

Mögliche Aspekte in Stichpunkten:

- Tochter kümmert sich um die Wohnung und um die „interessante" Mutter
- stellt sich selbst mit ihren Bedürfnissen zurück
- übernimmt Mutterrolle / Verantwortung, obwohl sie die Tochter ist
- lässt ihrer Mutter berufliche Freiräume, schränkt sie nicht ein, macht keine Vorwürfe
- sucht später die Nähe der Mutter, obwohl sich diese dem Leben ihrer Tochter gegenüber gleichgültig verhält

Wahlthema 2

> **HINWEIS** Deine Aufgabe besteht bei diesem Wahlthema im Verfassen einer Argumentation. Ruf dir hierfür die wichtigen Aspekte in Erinnerung, zum Beispiel: wie man Argumente sammelt und sortiert, sie begründet und mit Beispielen belegt; wie sich ein Bezug zur Adressatin/zum Adressaten herstellen lässt; wie sich Beispiele und Erfahrungen einbinden lassen; wie man beim argumentierenden Schreiben sprachliche Signale verwenden kann etc. Lies dir die Aufgabenstellung dazu ruhig mehrfach durch. Markiere die Adressatin (Frau Weigand), die zu beachtende Textform (Brief) und das Thema (Einführung einer Laptop-Klasse).

Teilaufgabe 1 (Vorarbeit)

> **HINWEIS** Aufgabe 1 dient in erster Linie der Vorbereitung. Hier musst du dir das Thema klarmachen und die in der Liste genannten Punkte auf ihre Stichhaltigkeit überprüfen. Es ist ganz wichtig, dass du dabei deine Adressatin/den Adressaten im Auge behältst. Diese Person sollst du überzeugen. Das geht aber nur mit wirklich relevanten Argumenten. Diese sollen neben der zu überzeugenden Person auch den zugrunde gelegten Kommunikationszusammenhang berücksichtigen. Überlege also, welche Argumente für deine Position geeignet sind. Entscheide dich und wähle drei Aspekte aus, die für deine Position sprechen, sowie ein Gegenargument, das du widerlegen willst.

Mögliche Kontra-Argumente mit Begründung (Aufgabe 1 a–c):

Argument 2 Schülerinnen und Schüler der „Laptop-Klasse" werden bevorzugt:
Es entsteht eine Ungerechtigkeit denjenigen Schülerinnen und Schüler gegenüber, die nicht in diese Klasse kommen.

Argument 4 Durch die Nutzung der Korrekturprogramme wird die Aufmerksamkeit auf Rechtschreibung oder Grammatik geringer:
Die Korrekturprogramme sorgen bei den Schülerinnen und Schüler dafür, dass sie das eigenverantwortliche, aufmerksame Schreiben vernachlässigen.

Argument 9 Der Kostenaufwand erhöht sich:
Die Kosten, z. B. hinsichtlich der Wartung oder Instandsetzung, sind nicht für alle tragbar.

Argument 11 Die Schülerinnen und Schüler werden vom Unterricht abgelenkt, die Lehrkraft hat Probleme bei der Kontrolle:
Missbrauch durch die Schüler während des Unterrichts ist möglich.

Argument 12 Technische Probleme sorgen für Zeitverlust:
Technik funktioniert nicht immer problemlos und der Unterricht kann dann nicht reibungslos verlaufen.

Mögliche Gegenargumente – 1, 3, 6, 7, 8, 10:

> **HINWEIS** In der Argumentation sollst du auch ein Gegenargument entkräften. Wähle aus den möglichen Gegenargumenten eines aus, das für die Gegenseite besonders wichtig erscheint. Auch hier musst du deine Entscheidung kurz, aber nachvollziehbar begründen.

Argument 1 Der Unterricht wird abwechslungsreicher, weil verschiedene, immer verfügbare Informationsquellen genutzt werden können:
Abwechslung im Umgang mit verschiedenen Informationsquellen ist für viele wichtig.
Widerlegung: Der Umgang mit bekannten Quellen wird nicht gefördert.

Argument 10 Arbeitsergebnisse können auf verschiedene Weise bearbeitet und präsentiert werden:
Überall wird die angemessene Präsentation von Ergebnissen erwartet.
Widerlegung: Andere gute Präsentationsmöglichkeiten (z. B. Folie / Rollenspiel) entfallen.

Mögliche Pro-Argumente mit Begründung (Aufgabe 1 a-c):

Argument 1 Der Unterricht wird abwechslungsreicher, weil verschiedene, immer verfügbare Informationsquellen genutzt werden können:
Unterschiedliche Materialien können nutzbar gemacht werden, Lernen macht dann wieder mehr Freude.

Argument 3 Eine ernsthafte, sachbezogene Mediennutzung wird erlernt:
Die Schülerinnen und Schüler kennen sich mit dem Computer besonders im Zusammenhang mit Spielen / Chatten aus. Eine ernsthafte Recherche wird dem entgegengesetzt.

Argument 6 Auf die Berufswelt bzw. auf das Studium wird vorbereitet:
In fast allen Berufen ist der Umgang mit dem Computer mittlerweile selbstverständlich, sodass fundierte Kenntnisse sinnvoll sind.

Argument 7 Die Selbstständigkeit wird durch die eigenständige Nutzung von Programmen sowie Quellen gefördert:
Die Schüler und Schülerinnen können dann auch im Unterricht (z. B. im Zusammenhang von Projekten) eigene Entscheidungen im Hinblick auf die Materialien treffen.

Argument 10 Arbeitsergebnisse können auf verschiedene Weise bearbeitet und präsentiert werden:
Die Nutzung der verschiedenen Programme für Layout, Präsentationen und Überarbeitung wird im Unterricht eingeübt.

Mögliche Gegenargumente – 2, 4, 5, 9, 11, 12:

> **HINWEIS** In der Argumentation sollst du auch ein Gegenargument entkräften. Wähle aus den möglichen Gegenargumenten eines aus, das für die Gegenseite besonders wichtig erscheint. Auch hier musst du deine Entscheidung kurz, aber nachvollziehbar begründen.

Argument 11 Die Schülerinnen und Schüler werden vom Unterricht abgelenkt. Die Lehrkraft hat Probleme bei der Kontrolle:
Es kommt immer wieder vor, dass Schülerinnen und Schüler im Unterricht verbotene Seiten aufrufen.
Widerlegung: Kontrollprogramme müssen eingerichtet werden.

Argument 12 Technische Probleme sorgen für Zeitverlust:
Unterrichtsunterbrechungen durch technische Störungen sind möglich, müssen aber eingeschränkt werden.
Widerlegung: Regelmäßige Wartung und Aktualisierung sind erforderlich.

Teilaufgabe 2

> HINWEIS Die Aufgabenstellung gibt dir bereits wichtige Hinweise, die du berücksichtigen musst. Du sollst einen Brief (beachte die Höflichkeitsform, Anrede, Grußformel) an die Elternpflegschaftsvorsitzende schreiben, in dem du deine Meinung überzeugend darlegst. Dabei musst du eine Einleitung formulieren, die den Grund deines Schreibens und die von dir eingenommene Position verdeutlicht. Darüber hinaus sollst du die ausgewählten Aspekte ausführen und durch Beispiele oder Erfahrungen veranschaulichen. Ebenfalls ist ein Gegenargument zu entkräften.
> Vergiss nicht, einen Schluss zu formulieren und für deine Überzeugung/Position zu werben.

Mögliche Lösung (Kontra):

Einleitung

> HINWEIS Sprich die Elternpflegschaftsvorsitzende (Adressatin) mit Namen an. Formuliere den Grund deines Schreibens. Mache am Ende der Einleitung deine Position deutlich und schaffe eine Überleitung zum Hauptteil.

Betr.: Einführung einer Laptop-Klasse in der Nelly-Sachs-Realschule

Sehr geehrte Frau Weigand,

die Elternpflegschaft hat uns aufgefordert, in einem Brief, der an Sie als Elternpflegschaftsvorsitzende gerichtet sein soll, unsere Meinung zu der aktuellen Diskussion zu schreiben. Es geht um die Einführung einer Laptop-Klasse. In dieser soll der Laptop in allen Fächern und während des gesamten Unterrichts genutzt werden. Voraussetzung hierfür ist der Besitz eines solchen Gerätes, das allerdings auch gegen eine Gebühr ausgeliehen werden kann. In sozial schwierigen Fällen soll bei der Anschaffung auch die Möglichkeit der Unterstützung durch den Förderverein gewährleistet werden.

Grundsätzlich ist natürlich jede Anstrengung, Schülerinnen und Schüler mit den neuen Medien vertraut zu machen und ihnen den Umgang damit zu ermöglichen, zu begrüßen. Allerdings bin ich in diesem Fall von der Notwendigkeit und Umsetzung nicht überzeugt. Ich bin also gegen die Einrichtung einer Laptop-Klasse, was ich Ihnen im Folgenden darlegen möchte.

Hauptteil

> HINWEIS Im Hauptteil entfaltest du die Argumente für deine Position (nachfolgend zur besseren Übersicht in Klammern angeben). Achte auf eine sinnvolle Abfolge. Überlege dir einen geeigneten Platz für das Gegenargument. An den Schluss solltest du das beste Argument für deine Meinung setzen.

(Technische Probleme sorgen für Zeitverlust)
Ein wichtiger Aspekt, der gegen die Laptop-Klasse spricht, ist die Abhängigkeit von der modernen Technik. Wir alle wissen, dass diese sehr störanfällig ist. Immer wieder kommt es zu Ausfällen, zu Problemen bei der Datenübertragung oder bei der gleichzeitigen Nutzung verschiedener Geräte. Auch können Probleme entstehen, weil nicht jeder Schüler oder jede Schülerin perfekt im Umgang mit den Geräten ist.
Dann kann z. B. ein Film nicht abgerufen werden, weil auf dem Laptop die notwendige Software streikt oder der Film bereits ein neues Programm, das noch nicht installiert ist, benötigt. Dadurch kann es immer wieder zu Wartezeiten im Unterricht kommen, was mit den herkömmlichen Medien nicht passiert. Im Informatikunterricht ist es auch schon oft zu solchen Problemen gekommen, sodass der Unterricht unterbrochen werden musste. In der Laptop-Klasse, in der in allen Fächern der Laptop genutzt wird, kann dies dann öfter der Fall sein und Unzufriedenheit hervorrufen.

(Erhöhter Kostenaufwand)
Darüber hinaus muss in diesem Zusammenhang auch bedacht werden, dass durch die permanente, aber notwendige Wartung und Wiederherstellung bzw. Reparatur zusätzliche und laufend anfallende Kosten entstehen, die in der bisherigen Planung noch nicht auftauchen. Das heißt also, dass die bisher angesetzten Kosten nicht endgültig sind. Zu bedenken ist auch, dass diese Kosten nicht für alle tragbar sein werden, auch wenn zumindest bei der Anschaffung sozial Schwächere unterstützt werden sollen. Auch in Bezug auf die Leihgebühren muss dieser Aspekt Beachtung finden. Für viele, die sich schon das Gerät nicht anschaffen können, könnten auch die Leihgebühren zu hoch sein.

(Ablenkung im Unterricht)
Mindestens ebenso bedeutsam ist der immer wieder auftretende Missbrauch der technischen Möglichkeiten auf Seiten der Schülerinnen und Schüler. Viele nutzen ihre Kenntnisse, um sich vom Unterricht abzulenken, indem sie chatten, unerlaubte Internetseiten aufrufen oder aber Spiele machen, was ich aus eigener Erfahrung weiß und auch Ihnen, Frau Weigand, bekannt sein dürfte. Die Lehrkräfte können nicht immer alles kontrollieren und bekommen auch nicht immer alles mit. Erst letztens wurden eine Schülerin und ein Schüler vom Unterricht im Computerraum ausgeschlossen, weil die Lehrkraft zufällig den Missbrauch entdeckt hat. Es ist sicherlich auch nicht im Interesse der Eltern, dass dies geschieht. In der Laptop-Klasse, wo in allen Fächern das Gerät mit Internet-Zugang genutzt wird, kann das dann öfter passieren, weil auch das Interesse durch die zur Gewohnheit werdende Nutzung abnehmen wird und sich die Schülerinnen und Schüler Ablenkung suchen werden.

(Gegenargument mit Entkräftung / Vorbereitung auf die Berufswelt / Studium)
Viele Eltern und auch Schüler, die die Einführung befürworten, argumentieren mit der notwendigen Vorbereitung auf die Berufswelt. In der Berufswelt nehmen die neuen Medien einen großen Raum ein, weshalb Computer- und Software-Kenntnisse sowie der Umgang mit Internet-Quellen von uns erwartet werden. Natürlich muss die Schule auf die Berufswelt bzw. auf das Studium vorbereiten, sodass das Vorhaben, eine Laptop-Klasse einzurichten, scheinbar ein guter Schritt in diese Richtung wäre. Allerdings müssten dann alle Schülerinnen und Schüler an diesem Projekt teilnehmen können. Wird nur eine Klasse eingerichtet, findet eine deutliche Benachteiligung aller anderen Schülerinnen und Schüler unserer Schule, die nicht in diese Klasse kommen, statt. Stellen Sie sich vor, dass Ihr Kind gerne diese Klasse besuchen würde, aber nicht hineinkommt. So wird es dann vielen gehen. Welche Auswirkungen kann eine solche Entscheidung auf unser Schulklima haben? Ich glaube, dass wir uns keinen Gefallen damit tun, denn die Bevorzugung einiger Schülerinnen und Schüler in Bezug auf die Ausstattung und die dadurch gegebenen Möglichkeiten darf in meinen Augen an einer Schule nicht sein. Stattdessen sollten alle Schülerinnen und Schüler in gleichberechtigter Weise gefördert werden. Auch die Auswahlkriterien sind unklar: Wer kommt in diese Klasse? Welche Voraussetzungen muss die Person mitbringen? Entscheidet eventuell das Los, der Geldbeutel der Eltern oder entscheiden die Noten? Grundsätzlich birgt also eine Laptop-Klasse offensichtliche Probleme, sodass in meinen Augen die Einrichtung einer solchen nicht sinnvoll ist.

Schluss

> **HINWEIS** Am Ende deiner Argumentation musst du einen Schluss schreiben. Hier sollst du bei Frau Weigand, der Elterpflegschaftsvorsitzenden, noch einmal für deine Position werben.

Ich hoffe, Sie, Frau Weigand, davon überzeugt zu haben, dass die Einrichtung einer Laptop-Klasse an unserer Schule nicht sinnvoll ist. In meinen Augen überwiegen die Nachteile. Insbesondere die Ungleichbehandlung von Schülerinnen und Schülern schafft meiner Meinung nach keine gute Voraussetzung für das Gelingen einer auf den ersten Blick sicherlich guten Idee. Auch die Abhängigkeit von der Technik sollte beschränkt sein, damit der Unterricht immer problemlos durchgeführt werden kann.

Mit freundlichen Grüßen
(Unterschrift)

Schnell-Check Interpretation (Erzählung)

Aufgabe	Aufgabenstellung	😊	☹	Lerntipps
1	Analyse eines literarischen Textes (Auszug aus einer Erzählung)			■ Text genau lesen, Schlüsselwörter markieren, Inhalt schriftlich erfassen ■ sprachliche und formale Mittel farbig markieren, benennen, mit eigenen Worten erklären und in Bezug zum Inhalt setzen ■ Notizen zum Mutter-Tochter-Verhältnis machen ■ strukturierte Analyse mit eigenen Worten verfassen (Einleitung, Hauptteil, Schluss) ■ Textbelege einbinden ■ Zitierweise wiederholen
2	Auseinandersetzung mit einer Position			■ argumentative Texte lesen und die Argumente herausarbeiten ■ Positionen mit überzeugenden Argumenten versehen und mit Textstellen belegen ■ eigene Meinung begründen

Schnell-Check Argumentation (Brief)

Aufgabe	Aufgabenstellung	😊	☹	Lerntipps
1	Überzeugungskraft von Argumenten überprüfen, Auswahl treffen			■ Argumente auf Richtigkeit und Überzeugungskraft im Hinblick auf die eigene Meinung prüfen ■ Adressatin/Adressat und Sachverhalt bei der Auswahl im Auge behalten
2	Argumentation verfassen			■ strukturierte Argumentation verfassen (Einleitung mit Bezug zur Adressatin und Sachverhalt/Hauptteil mit der Entfaltung der Argumente/Schluss mit Werbung für die eigene Position) ■ Argumente erläutern, mit Beispielen/Erfahrungen versehen ■ Gegenargumente entkräften und angemessen in die Argumentation einbeziehen ■ eine sinnvolle Abfolge der Argumente wählen (am Schluss das wichtigste Argument) ■ ein angemessenes Sprachniveau wählen ■ sprachliche Verknüpfungen beachten

www.cornelsen.de
Dieser Band folgt, wenn nicht anders vermerkt, den Regeln der
deutschen Rechtschreibung, die seit August 2006 gelten.
© 2009 Cornelsen Verlag Scriptor GmbH & Co. KG, Berlin
Printed in Germany
ISBN 978-3-06-150003-0

MITTLERER SCHULABSCHLUSS
ZENTRALE PRÜFUNGEN 2010

Handreichung für Lehrer

DEUTSCH

Originalprüfungen • Training

NORDRHEIN-WESTFALEN

Realschule | Gesamtschule | Typ B

Autoren:
Christina Sieber, Steffen Sieber (KV Prüfungsstress – Was tun?)
Anne-Christin Kohl (KV Checkliste Prüfungsablauf, KV Zeitdiebe)

www.cornelsen.de

© 2009 Cornelsen Verlag Scriptor GmbH & Co. KG, Berlin
Das Werk und seine Teile sind urheberrechtlich geschützt. Jede Nutzung in anderen als den gesetzlich zugelassenen Fällen bedarf deshalb der vorherigen schriftlichen Einwilligung des Verlags.
Hinweis zu den §§ 46, 52a UrhG: Weder das Werk noch seine Teile dürfen ohne eine solche Einwilligung eingescannt und in ein Netzwerk eingestellt oder sonst öffentlich zugänglich gemacht werden. Dies gilt auch für Intranets von Schulen und sonstigen Bildungseinrichtungen.
Projektleitung: Uta Kural, Cornelsen Verlag Scriptor, Berlin
Redaktion: DAS LEKTORAT Monika Kopyczinski, Berlin
Gesamtgestaltung: Beate Schubert u. Uta Eickworth, Berlin
Layout und Herstellung: Beate Schubert, Berlin
Druck und Bindearbeiten: fgb·freiburger graphische betriebe
Printed in Germany
P973996

Gedruckt auf säurefreiem Papier,
umweltschonend hergestellt aus chlorfrei gebleichten Faserstoffen.

Handreichung für Lehrer

Ziel

Mit der vorliegenden Lehrerhandreichung steuern Sie entspannt durch das Jahr der Abschlussprüfung. Sie erhalten rasch eine Übersicht über die neuen Prüfungsreihen und ihren Einsatz. Neben der konzeptionellen Beschreibung finden Sie hier Organisationshilfen und Kopiervorlagen.

Die Lehrer-Hilfen der Handreichung zeigen Ihnen, wie Sie Training und Originalprüfungen gezielt einsetzen.
Mit den Schüler-Hilfen unterstützen Sie effektiv Ihre Schülerinnen und Schüler in der Prüfungsvorbereitung.

Inhalt

Lehrer-Hilfen	<ul><li>Konzeption und Einsatz</li><li>Was macht diese Lernhilfen so besonders?</li><li>Einsatzplaner: So steuern Sie mit Training und Originalprüfungen gezielt durch die Termine des Abschlussjahres.</li><li>Trainingsplaner: So setzen Sie das Training effizient ein.</li><li>Originalprüfungsplaner: So arbeiten Sie mit den Originalprüfungen.</li></ul>
Schüler-Hilfen	<ul><li>Lern-Check: Hiermit helfen Sie Ihren Schülern, den Lernstoff zu überblicken.</li><li>Prüfungsstress: Hiermit helfen Sie Ihren Schülern beim Stressabbau.</li><li>Zeitdiebe: Hiermit helfen Sie Ihren Schülern bei der Lernzeit-Einteilung.</li></ul>
	Kopiervorlagen ab Seite 10

Konzeption

Welche Reihen gibt es?

Training 2010

Umfang: ca. 112 Seiten plus separates Lösungsheft
Gezieltes Training für die Abschlussprüfung in der Klasse 10
- Tipps zur Prüfungsvorbereitung
- Alle prüfungsrelevanten Themen:
  - Auffrischen: Basiswissen im Überblick
  - Üben: prüfungsvorbereitende Aufgaben
  - Kontrollieren: Schnell-Checks für die Prüfung
- Aktuelle Originalprüfungs-Aufgaben
- Separat im Lösungsheft: zu allen Übungen Lösungen

Originalprüfungen 2010

Umfang: ca. 96 Seiten
Optimale Vorbereitung mit Originalprüfungen auf die Abschlussprüfung in der Klasse 10
- Prüfungsinfos 2010: Ablauf und Anforderungen
- Originalprüfungs-Aufgaben 2007–2009
- Lösungen und Hinweise: systematisch und verständlich
- Schnell-Checks: Überprüfung und Lerntipps

Für wen sind diese zwei Lernhilfe-Reihen konzipiert?

Für Schülerinnen und Schüler in der Abschlussklasse 10, die am Ende des Schuljahres die Prüfung ablegen.

Wo kommen diese Lernhilfen zum Einsatz?

- im Unterricht
- als Hausaufgabe mit Kontrolle im Unterricht
- als Anregung zum selbstständigen Bearbeiten ohne Kontrolle
- als Prüfungssimulation

Was ist das Ziel dieser Reihen?

Schülerinnen und Schüler während der 10. Klasse sicher auf die schriftliche Prüfung vorbereiten.

Was macht diese Lernhilfen so besonders?

1. Das *Training* und die *Originalprüfungen* haben einen Bausteincharakter.
Schülerinnen und Schüler können gezielt auf einzelne Übungen oder Prüfungen zugreifen, und so das trainieren, was für sie prüfungsrelevant ist. Die Übersichten am Anfang der Bücher dienen der schnellen Orientierung.

2. Das *Training* lässt sich dosieren: für Schnelle und für Gründliche.
Die Binnenstruktur der einzelnen Kapitel erlaubt unterschiedlich intensive Trainingsansätze. Pro Prüfungsbereich gibt es eine Übung, die Teilaufgaben sind nach Schwierigkeitsgraden aufgeteilt.
Für Schnelle: Wer schnell einen Überblick braucht und wissen will, wie fit er ist, liest das Basiswissen und macht die Schnell-Checks. Nur an Stellen, wo Unsicherheiten und Wissenslücken auftauchen, werden die entsprechenden Übungen gelöst.
Für Gründliche: Wer es genau wissen will oder Nachhilfe-Bedarf hat, arbeitet die einzelnen Kapitel sorgfältig durch. Die Reihenfolge kann dabei passend zu den Unterrichtsthemen gewählt werden.

3. Die *Originalprüfungen* lassen sich dosieren: für Schnelle und für Gründliche.
Auch die Prüfungen mit den sorgfältig erstellten Lösungsvorschlägen erlauben eine unterschiedlich intensive Beschäftigung.
Für Schnelle: Wer wenig Zeit hat, liest die Prüfungen und anschließend die Lösungsvorschläge. Natürlich ist hier der Übungseffekt geringer.
Für Gründliche: Wer sich intensiver vorbereiten will, liest die Prüfungen und löst sie zuerst, bevor er sie mit den Lösungsvorschlägen vergleicht.

	OP lesen	Lösung lesen	OP selber lösen	vergleichen
Information	👍	👍👍	👍👍👍	👍👍👍👍
Zeitfaktor	👍	👍👍	👍👍👍	👍👍👍👍
Lernfaktor	👍	👍	👍👍👍	👍👍👍👍
Prüfungserfolg	👍👍👍	👍👍👍👍👍	👍👍👍👍 👍👍👍👍	👍👍👍👍👍 👍👍👍👍👍

Einsatzplaner

Ziel

Themen, Termine und Prüfungsimpulse im Überblick behalten

So geht's

- Pro Prüfungsklasse ein Blatt (Kopiervorlage Einsatzplaner) anlegen
- Allgemeine Termine eintragen:
  - Schuljahresbeginn, Schuljahresende, Halbjahreszeugnis
  - Ferientermine
  - Klassenarbeiten
  - Projektwochen, Praktika, Berufstraining etc.
- Prüfungsrelevante Termine eintragen:
  - Starttermin für allgemeine Prüfungsvorbereitung
  - Termine für Prüfungsvorbereitung im Unterricht
  - Termine für schriftliche Prüfungen (alle Fächer)
- Das haben wir für Sie schon terminiert:
  - Zeitlicher Einsatz der Originalprüfungsbände und der Schüler-Hilfen

> **TIPP** Arbeiten Sie mit Bleistift oder kopieren Sie sich vorher die Planungsinstrumente für den Fall, dass Sie sich verschreiben oder nachträglich noch Änderungen vornehmen möchten.

Vorteile

Transparenz: Sie sehen sofort, wo die Zeit knapp wird.
Effizienz: Sie planen die Prüfungsvorbereitungen punktgenau.
Kontrolle: Sie sehen jederzeit, ob Sie noch im Zeitplan sind.

↗ KV 3 Einsatzplaner (für Lehrkräfte)

Trainingsplaner

Ziel

Das Training gezielt einsetzen: im Unterricht, als Hausaufgabe oder als Lernanregung für die selbstständige Prüfungsvorbereitung

So geht's

- Pro Prüfungsklasse ein Blatt (Kopiervorlage Trainingsplaner) anlegen
- In Abstimmung mit dem Einsatzplaner die Trainingseinheiten terminieren
- Die Seitenverweise auf Ihr Unterrichtswerk ergänzen
- Festlegen, welche Trainingseinheit im Unterricht, welche als Hausaufgabe bearbeitet werden soll

> **TIPP** Als Lehrkraft wissen Sie am besten, welche Trainingseinheiten sich für die Prüfungsvorbereitung zu Hause besonders gut eignen. Verteilen Sie diese Aufgabentypen entsprechend in Ihrem Trainingsplaner.

Vorteile

Transparenz: Sie haben einen schnellen Überblick über die prüfungsrelevanten Aufgabentypen und ihre Verankerung in Lehrwerk und Trainingsband.
Effizienz: Sie können die Unterrichtsstunden für die Prüfungsvorbereitung schneller erstellen.
Kontrolle: Sie sehen sofort, welche Aufgabentypen Sie in welcher Form behandelt haben. Das gibt Ihnen im laufenden Prüfungsjahr und auch für den nächsten Prüfungsjahrgang alle nötigen Informationen auf einen Blick.

↗ KV 4 Trainingsplaner (für Lehrkräfte)

Originalprüfungsplaner

Ziel

Die Aufgaben aus den Originalprüfungen gezielt einsetzen: im Unterricht, als Hausaufgabe oder als Lernanregung für die selbstständige Prüfungsvorbereitung

So geht's

- Sichten Sie mithilfe der Kopiervorlage Originalprüfungsplaner, welche Aufgabentypen, Aufgabenformen, Themen und Kompetenzbereiche die Originalprüfungen enthalten.
- Kennzeichen Sie, welche (Teil-)Aufgabenbearbeitung Sie initiieren wollen:
  - U → im Unterricht
  - H → als Hausaufgabe mit Kontrolle im Unterricht
  - S → als Anregung zum selbstständigen Bearbeiten ohne Kontrolle
  - PS → als Prüfungssimulation
- Stimmen Sie den Originalprüfungsplaner mit Ihrem Einsatzplaner ab, um die Termine festzulegen.

Vorteile

Transparenz: Sie erhalten eine individuelle Übersicht der wiederkehrenden Aufgabentypen und Themen.
Effizienz: Sie sehen auf einen Blick, was noch zu üben ist.
Kontrolle: Sie können nachvollziehen, was schon erledigt ist.
Bewertung: Sie können am Ende des Schuljahres einschätzen, wie gut und umsetzbar die Planung war.

↗ KV 5 Originalprüfungsplaner (für Lehrkräfte)

Lern-Check

Ziel

Ihren Schülerinnen und Schülern helfen, die Prüfungsvorbereitung im Blick zu behalten und den eigenen Lernfortschritt zu bewerten

Das müssen Sie tun

Sie entscheiden, ob der Lern-Check für die ganze Klasse eingesetzt werden soll oder nur für einzelne Kandidaten.
- Kopieren und an Schülerinnen und Schüler verteilen
- Vorgehensweise erklären und gemeinsam Kontrolle festlegen

So geht's (Anleitung für Schüler)

1 Informationen über Themen und Aufgabentypen der Prüfung sammeln:
   - Einleitung aus Training und/oder Originalprüfungen lesen
   - Tipps vom Lehrer/von der Lehrerin einholen
   - Unterlagen aus dem Unterricht sichten
2 Mit diesen Informationen einen Lernplan erstellen und auf die 10 Wochen vor der Prüfung verteilen. (Spalten 2 + 3)
3 Im Lern-Check kennzeichnen, ob Aufgabe und Lösung schnell gelesen oder gründlich bearbeitet wurden. (Spalte 4)
4 Selbstbewertung erstellen: Siehst du noch Lernbedarf oder bist du zufrieden mit deiner Leistung/Lösung? (Spalte 5)
5 Wenn nötig oder gewünscht, kannst du deinem Lehrer/deiner Lehrerin zeigen, was du alles für die Prüfung vorbereitet hast. (Spalte 6)

Vorteile

Transparenz: Schüler sieht alle Vorbereitungsmaßnahmen auf einen Blick und erkennt Stärken und Schwächen.
Effizienz: Schüler hat schnell einen Überblick über die Prüfungsvorbereitung und kann seine Zeit besser einteilen.
Kontrolle: Schüler kann seinen Lernstand für alle prüfungsrelevanten Themen leicht überblicken.

➚ KV 6 Lern-Check (für Lehrer und Schüler)

Kopiervorlagen

Auf den folgenden Seiten finden Sie diese Kopiervorlagen:

		für Lehrer	für Schüler
KV 1.1	Prüfungsstress – was tun?		x
KV 1.2	Entspannt in die Prüfung		x
KV 1.3	Checkliste Prüfungsablauf		x
KV 2.1, 2.2	Zeitdiebe		x
KV 3	Einsatzplaner	x	
KV 4	Trainingsplaner	x	
KV 5	Originalprüfungsplaner	x	
KV 6	Lern-Check	x	x

KOPIERTIPP: Vergrößerungsfaktor 141 % ergibt DIN A4.

KV 1.1 Prüfungsstress – was tun?

Zu einer gründlichen Prüfungsvorbereitung gehört nicht nur, den Lernstoff zu wiederholen und zu üben – um die Prüfung ruhig und sicher anzugehen und zu bestehen, solltest du dich auch gedanklich darauf vorbereiten und ein paar ganz praktische Dinge beachten. So vermeidest du allzu großen Prüfungsstress und Nervosität, die dich daran hindern können, das angeeignete Wissen im richtigen Moment parat zu haben. Im Folgenden findest du einige praktische Tipps und Strategien zur Prüfungsvorbereitung und für die Prüfungssituation.

Vor der Prüfung

Beginne rechtzeitig mit den Prüfungsvorbereitungen und übe langfristig. Das gibt dir Sicherheit und Selbstvertrauen.
Frage deinen Fachlehrer / deine Fachlehrerin, welche Bereiche du noch vertiefen solltest.
Lege am Tag vor der Prüfung deine Arbeitsmaterialien bereit: Füller, Ersatzpatronen, Textmarker, Lineal.
Versorge dich vor der Prüfung mit Getränken und Verpflegung (z. B. eine Banane, aber wenig Süßigkeiten, da sie den Blutzuckerspiegel nur kurzfristig in die Höhe schnellen lassen).
Wiederhole am Tag vor der Prüfung nur noch wenig Lernstoff und gönne dir Freizeit. Mach z. B. Sport oder unternimm mit einem Freund oder einer Freundin einen langen Spaziergang.
Versuche, ausgeschlafen zur Prüfung zu erscheinen.

Während der Prüfung

Wenn die Prüfung beginnt, sprich dir selber Mut zu: Du bist gut vorbereitet und falls doch plötzlich Stress ausbrechen sollte, hast du eine Entspannungsübung parat.
Sobald die Blätter mit den Prüfungsaufgaben verteilt worden sind, atme tief durch und beginne ruhig und konzentriert zu arbeiten.
Falls du bemerkst, dass dir das Thema nicht liegt, brich nicht in Panik aus. Beginne mit den Prüfungsteilen, in denen du dich sicher fühlst.
Achte beim Lösen der Aufgaben auf die Zeiteinteilung und halte dich bei einer Aufgabe nicht zu lange auf.

KV 1.2 Entspannt in die Prüfung

Mentales Training

Mentales Training ist eine bewährte Methode, um sich auf Prüfungssituationen vorzubereiten und übergroße Aufregung zu bewältigen. Sie wird auch von Sportlern und Bühnenkünstlern vor Wettkämpfen oder Auftritten eingesetzt. Das Grundprinzip dabei ist, sich die Prüfungssituation genau vorzustellen und sie ganz detailliert vor dem inneren Auge vorüberziehen zu lassen – und zwar als eine erfolgreich verlaufende Prüfung. Stell dir also jeden einzelnen Abschnitt des Prüfungstages vor: Wie du morgens aufwachst, frühstückst und mit deiner bereits gepackten Tasche zur Schule startest. Dann betrittst du den Prüfungsraum, liest dir alle Aufgaben in Ruhe durch und arbeitest dich Schritt für Schritt durch die einzelnen Aufgabenbereiche. Stell dir vor, dass du gut mit deiner Zeiteinteilung zurechtkommst, und male dir aus, wie es sich anfühlt, wenn du alle Aufgaben problemlos bewältigst.

Entspannungstechniken

Gegen Nervosität vor und während der Prüfung helfen auch Entspannungstechniken. Du solltest frühzeitig damit beginnen, das Entspannen zu trainieren, denn je besser du die Technik beherrschst, umso schneller kann dein Körper in den entspannten Zustand gelangen. Eine gute Methode zur Entspannung sind Atemübungen:
Setze dich aufrecht auf einen Stuhl und stelle beide Beine auf den Boden. Die Hände ruhen auf deinen Oberschenkeln.
Nun beginne ruhig und gleichmäßig zu atmen. Dabei solltest du länger aus- als einatmen. Versuche beim Ausatmen zu spüren, wie dein Atem in deine Hände, deine Beine und in jede Zelle deines Körpers fließt. Deine Füße sind dabei fest mit dem Boden verbunden – stell dir vor, du bist ein Baum, der so fest in der Erde verwurzelt ist, dass ihn nichts umwerfen kann.
Nach mehreren Atemzügen spürst du, wie Ruhe und Kraft in dich einkehren.
Der Vorteil dieser Methode ist, dass du sie auch während der Prüfung anwenden kannst, ohne dass es jemand bemerkt.

> **TIPP** Gehe die Prüfung mit positivem Denken an. Sage dir immer wieder: „Ich bin gut vorbereitet, ich beherrsche den Stoff und das werde ich auch zeigen!"

KV 1.3 Checkliste Prüfungsablauf

Hake ab, was du schon geklärt hast!

- Wo findet die Prüfung statt?
- Wann beginnt die Prüfung, wann endet sie?
- Was passiert, wenn ich schon früher fertig bin?
- Gibt es ein Zeitlimit für die einzelnen Prüfungsteile?
- Was wird genau von mir erwartet? Welche Aufgabentypen wird es geben?
- Kann ich zwischen verschiedenen Themen wählen?
- Darf ich essen oder trinken während der Prüfung?
- Wann/Wohin darf ich zur Toilette gehen?
- Wer führt Aufsicht?
- Darf ich Fragen stellen?
- Darf ich einen Schmierzettel benutzen? Muss ich ihn mitabgeben?
- Welche Hilfsmittel darf ich benutzen? (Lexika, Wörterbuch ...)
- Was muss ich außerdem mitbringen?
- Wie werden die einzelnen Prüfungsteile schließlich bewertet und dann gewichtet?

Kleine Pannenhilfe

Trotz guter Vorbereitung kann natürlich auch mal was schiefgehen: Du hast eine Aufgabe vor dir, mit der du gar nichts anfangen kannst, oder vor Aufregung bekommst du einen Blackout und dein Kopf ist auf einmal ganz leer. Aber keine Angst, auch solche Situationen lassen sich beherrschen:

- Zuerst einmal tief durchatmen. Gönne dir ein paar Minuten Pause und besinne dich darauf, dass du etwas kannst.
- Lies dann die Aufgabe, die dir Schwierigkeiten bereitet, noch einmal durch.
- Falls du eine Aufgabe gar nicht lösen kannst, bearbeite die nächste und versuche es später noch einmal. Lass aber keine Aufgabe aus, sondern biete dem Lehrer zu jeder Aufgabe zumindest eine Lösung an.
- Wenn du in einem Text nicht alle Wörter verstehst, lass dich dadurch nicht aus der Ruhe bringen. Um den Sinn des gesamten Textes zu erfassen und die Fragen zu beantworten, musst du nicht jedes einzelne Wort verstanden haben. Beim zweiten Durchlesen verstehst du außerdem mit Sicherheit mehr.

KV 2.1 Zeitdiebe

Wenn du dich effektiv auf die Prüfung vorbereiten willst, musst du dir über deine Lerngewohnheiten klar werden.
Jeder von uns kennt das: Man nimmt sich vor, am Nachmittag die Hausaufgaben gründlich zu machen, die Bio-Mappe zu ordnen und vielleicht auch noch die Englisch-Vokabeln zu wiederholen. Am Abend ist man jedoch niedergeschlagen und schlecht gelaunt. Obwohl man das Gefühl hat, den ganzen Tag gearbeitet zu haben, hat man kaum etwas geschafft. Woran liegt das?

Schuld daran sind kleine, gemeine Zeitdiebe, die dir das Leben schwermachen, weil sie dich von der konzentrierten Arbeit ablenken.

Schritt 1

Kreuze in der Tabelle an, was auf dich zutrifft!

Schritt 2

Natürlich kannst du all die Dinge nicht schaffen, die du dir vorgenommen hast, wenn du dich leicht ablenken lässt, dein Lernen zeitlich ungünstig organisierst oder zu lange brauchst, um überhaupt mit dem Arbeiten zu beginnen.
Stelle nun für all die Aussagen, bei denen du „manchmal" oder „häufig" angekreuzt hast, Regeln auf, um diese Zeitdiebe zu bekämpfen.

Schritt 3

Schreibe die Regeln auf ein Blatt und hänge sie über deinen Schreibtisch!

Regeln für die Bekämpfung meiner Zeitdiebe!

Ich telefoniere erst mit meinen Freunden, wenn ich mit all dem fertig bin, was ich mir vorgenommen habe.

Ich _____

KV 2.2 Zeitdiebe

Zeitdiebe	ein häufiger Zeitdieb	manchmal ein Zeitdieb	nie ein Zeitdieb
Wenn ich mich am Computer auf die Schule vorbereite oder lerne, surfe ich im Internet, chatte oder spiele.			
Ich telefoniere beim Lernen immer wieder mit Freunden.			
Bei den Hausaufgaben oder beim Lernen höre ich Musik.			
Mein Handy liegt immer griffbereit neben mir und ich schreibe ab und zu eine SMS.			
Meine Geschwister, meine Eltern oder mein Haustier kommen öfter in mein Zimmer und lenken mich ab.			
Wenn ich aus der Schule komme, beginne ich direkt mit der Arbeit. Ich weiß, dass ich dann nicht besonders leistungsfähig bin, aber ich will schnell alles hinter mich bringen.			
Ich trödele oft lange herum, bis ich mit der Arbeit beginne.			
Ich muss manchmal lange in meinem Zimmer oder auf meinem Schreibtisch suchen, bis ich ein Buch, ein Heft oder andere Arbeitsmaterialien (Taschenrechner, Zirkel ...) finde.			
Ich lasse mich leicht durch den Fernseher ablenken.			
Ich arbeite so lange durch, bis ich fertig bin. Ich merke dann aber oft, dass irgendwann fast gar nichts mehr in meinem Gedächtnis landet.			
Meist beginne ich nach 19 Uhr mit dem Lernen und den Hausaufgaben, dann konnte ich den Tag vorher so richtig genießen. Blöd ist nur, dass ich dann so schnell müde werde.			
Manchmal muss ich telefonieren, weil ich mir die Hausaufgaben nicht richtig aufgeschrieben habe.			

KV 3 Einsatzplaner

Klasse _____

Termine	Woche	Materialien
Schuljahresbeginn	1	Klasse kennenlernen, Wackelkandidaten identifizieren
	2	
	3	Trainingsplaner erstellen
	4	KV „Zeitdiebe" verteilen
		KV „Prüfungsstress" verteilen
Wochen vor der Prüfung		
	10	Originalprüfung 1 initiieren
	9	
	8	KV „Entspannt in die Prüfung" verteilen
	7	
	6	Originalprüfung 2 initiieren
	5	
	4	
	3	Originalprüfung 3 initiieren
	2	
	1	KV „Checkliste Prüfungsablauf" verteilen
Schriftliche Prüfung	0	

KV 4 Trainingsplaner

Verwendete Lehrwerke und Lernhilfen:
1 Abschlussprüfung Training, Cornelsen
2 _____
3 _____

Klasse _____

Aufgabentypen	Trainingsband (Seite)	Verweis auf Lehrwerk (Seite)	im Unterricht (Datum)	als Hausaufgabe (Datum)	als Anregung zum selbstständigen Lernen (Datum)
Literatur: Kurzgeschichte interpretieren	24				
Literatur: Gedicht interpretieren	35				
Sachtexte: Diagramm auswerten	48				
Sachtexte: Stellungnahme verfassen	54				
Sachtexte: Karikatur erörtern	62				
Textproduktion: Leserbrief	72				
Textproduktion: Innerer Monolog	80				
Textproduktion: Tagebuch-Eintrag	87				

KV 5 Originalprüfungsplaner

Prüfungsaufgaben 2007	U	H	S	PS
Erster Prüfungsteil: Leseverstehen				
Soziales Lernen in der Schule				
Zweiter Prüfungsteil: Wahlaufgabe 1				
Nah bei der Boutique (Jürgen Theobaldy)				
Zweiter Prüfungsteil: Wahlaufgabe 2				
M 1: Lehrer ziehen Notbremse: Deutsch-Pflicht auf Schulhof				
M 2: Schüler begrüßen Deutsch-Pflicht				
M 3: Deutsch-Pflicht auf Schulhöfen				

Lösungsvorschlag 2007	U	H	S	PS
Erster Prüfungsteil: Leseverstehen				
Schnell-Check Leseverstehen (1)				
Zweiter Prüfungsteil: Wahlaufgaben				
Schnell-Check Gedicht-Interpretation				
Schnell-Check Sachtext-Analyse (1)				

Prüfungsaufgaben 2008	U	H	S	PS
Erster Prüfungsteil: Leseverstehen				
Mehrgenerationenhäuser				
Zweiter Prüfungsteil: Wahlaufgabe 1				
Das Blütenstaubzimmer (Zoë Jenny)				
Zweiter Prüfungsteil: Wahlaufgabe 2				
M 1: Stadt(T)räume				
M 2: Kinder und Jugendliche und der öffentliche Raum				
M 3: Initiative des Jugendparlaments				

Lösungsvorschlag 2008	U	H	S	PS
Erster Prüfungsteil: Leseverstehen				
Schnell-Check Leseverstehen (2)				
Zweiter Prüfungsteil: Wahlaufgaben				
Schnell-Check Roman-Interpretation				
Schnell-Check Sachtext-Analyse (2)				

Prüfungsaufgaben 2009	U	H	S	PS
Erster Prüfungsteil: Leseverstehen				
Japan: Mobbing per Handy				
Zweiter Prüfungsteil: Wahlthema 1				
Mein erster Achttausender (Malin Schwerdtfeger)				
Zweiter Prüfungsteil: Wahlthema 2				
Einführung einer „Laptop-Klasse"				

Lösungsvorschlag 2009	U	H	S	PS
Erster Prüfungsteil: Leseverstehen				
Schnell-Check Leseverstehen (3)				
Zweiter Prüfungsteil: Wahlthemen				
Schnell-Check Interpretation (Erzählung)				
Schnell-Check Argumentation (Brief)				

U → im Unterricht
H → als Hausaufgabe mit Kontrolle im Unterricht
S → als Anregung zum selbstständigen Bearbeiten ohne Kontrolle
PS → als Prüfungssimulation

KV 6 Lern-Check

Name: _____ Klasse: _____

Wochen bis zur Prüfung	Lernplan/Thema	Aufgabe/Prüfung aus	gelesen/ bearbeitet am	Selbstbewertung ☺ ☹	Lehrer/Lehrerin gezeigt am
noch 9 Wochen					
noch 8 Wochen					
noch 7 Wochen					
noch 6 Wochen					
noch 5 Wochen					
noch 4 Wochen					
noch 3 Wochen					
noch 2 Wochen					
noch 1 Woche					
Prüfungswoche					